Novembre 2005
J-D

Mémoires d'outre-mère

DU MÊME AUTEUR

Je craque, *Calmann-Lévy, 1975*
En attendant la bombe, *Calmann-Lévy, 1980*
Petites drôleries et autres méchancetés sans importance, *Seuil, 1989*
Inconsolable et gai, *Seuil, 1991*
Envie de jouer, *Seuil, 1993*
Journal d'un mégalo, *Seuil, 1995*
Merci pour tout, *Seuil, 1996*
Pointes, piques et répliques, *Le Cherche Midi, 1998*
Arrêtez le monde, je veux descendre, *Le Cherche Midi, 2003*

Guy Bedos

Mémoires d'outre-mère

Stock

À Finouche

« Tout un homme, fait de tous les hommes et qui les vaut tous et que vaut n'importe qui. »

Jean-Paul Sartre,
Les Mots

Je n'ai pas rêvé. J'ai bien vu ma mère frapper mon père avec un marteau. Je dois avoir entre deux et trois ans. Mon père est infirme. Quand il met la main dans sa poche, ça ne se voit pas. Il est même beau. Et fort. Un athlète. Dans un film américain d'aujourd'hui, il serait incarné par un type comme Antonio Banderas. J'ai vu des photos de lui, jeune, avant que ma mère ne le quitte et ne lui interdise de me voir. Sa main, toujours dans la poche. Ma mère a frappé mon père sur sa main atrophiée qu'il dissimule sous un gant de cuir noir. Je me souviens de l'odeur du cuir. Désagréable. Surtout par temps chaud. Un gant sans les doigts puisque dessous il n'y a pas de doigts. Enfin si, comme une patte de chien, des bouts de chair minuscules avec des ongles – des griffes – au bout.

Je vois mon père, après le coup de marteau, sautillant en agitant son bras comme un enfant. C'est comique et terrible. Ça me fait pleurer.

Je ne sais pas – je n'ai jamais su – pourquoi ma mère s'est servie d'un marteau pour frapper mon père. Mais je sais que c'était sur cette main qui m'épouvantait et me fascinait tout autant. Souvent, je lui demandais d'ôter son gant pour me montrer sa drôle de main. La gauche. La droite était normale.

On m'a raconté bien plus tard, alors que mes parents étaient depuis longtemps divorcés – sans doute après l'épisode du coup de marteau –, que mon père était très bagarreur. Et que sa main valide, il la balançait volontiers dans le nez de qui lui déplaisait. Sauf si c'était sa propre femme qui l'attaquait à coups de marteau. Je suppose qu'il l'aimait. Ça rend patient. Et peut-être n'était-il pas porté à utiliser la force vis-à-vis des femmes. Ce qui, à mes yeux, est un bon point pour lui.

En ça, je lui ressemble. Il m'est arrivé, dans ma vie amoureuse, d'être agressé physiquement par une femme. Tout ce que j'ai pu faire, c'est la neutraliser en lui tordant fermement les poignets. Et en parant les coups de pied avec mon genou pour protéger mes parties génitales. Je n'en ai rencontré qu'une de ce genre. Et elle était nerveusement très malade.

On pourrait croire que mon père était une vraie brute, sauf avec les femmes. Non, je me souviens qu'il pouvait être aussi très doux avec les enfants. Avec son fils – moi –, il l'était. Cette main dont on m'a dit qu'il la transformait si facilement en poing, elle savait aussi caresser, consoler. Je la sens encore sur mon front, les soirs de fièvre. Et lorsque j'étais pris de convulsions. Il mettait une cuiller dans ma bouche, pour m'éviter d'avaler ma langue.

Un jour, je ne l'ai plus vu. C'est un autre homme qui dormait avec ma mère. Ça se passait à l'hôtel et je couchais dans leur chambre, derrière un paravent. Plus tard, j'ai compris que je les entendais faire l'amour. Sur le moment, dans mon innocence, je croyais qu'elle souffrait. Je l'interrogeais de mon petit lit :

« Tu as mal, Maman ?

– Non, non, allez, dors ! »

Je n'aimais pas ce type. Et lui m'a tout de suite fait sentir que j'étais de trop dans sa chambre et dans sa vie. On peut comprendre.

Mon père me manquait. Je pleurais dans le noir, en pensant à lui derrière mon paravent. En silence, les larmes. J'ai très vite saisi l'intérêt qu'il y avait pour moi à ne pas trop attirer l'attention.

Plus tard, je ne sais plus quand, nous avons habité un appartement. Et puis d'autres. Nous changions souvent d'adresse. Je ne sais pas pourquoi. C'est si loin. Mais je me souviens que désormais j'avais une chambre pour moi tout seul. Et ça, ça me plaisait bien. Je ne les entendais plus s'accoupler la nuit mais, très vite, ils ont commencé à se disputer. Des cris, des injures. Et des coups. Cette fois, c'est lui qui cognait. Et moi j'enrageais de ne pas pouvoir intervenir pour protéger ma mère. Le temps a passé, l'homme est devenu mon beau-père et on m'oblige à l'appeler parrain. J'ai huit ans. Un soir qu'il la castagne dur, je vais dans la cuisine chercher un couteau à viande et je le plante dans la porte de leur chambre. Je me suis souvent dit que s'il était sorti à cet instant-là, il l'aurait pris dans le ventre, le surin. À cet âge-là, on ne m'aurait sûrement pas mis en prison. Pour les enfants à problèmes, à l'époque, il y avait ce qu'on appelait des maisons de correction. On m'en menaçait parfois, quand il m'arrivait d'être trop expressif. C'était rare. Je me taisais beaucoup.

Il y a une période, entre cinq et sept ans, où ils m'ont mis en pension à la campagne. J'ai adoré. C'est le passage de mon enfance que j'ai préféré. Il y avait deux garçons à peine plus âgés que moi. J'ai découvert le jeu, les blagues, les fous rires. Les seuls moments d'épouvante, c'est quand on abattait un cochon et qu'on me demandait d'y participer en lui tenant les pattes. Le hurlement de l'animal lorsque la lame lui tranche la chair ! Atrocement humain. Il ne doit pas y avoir une grande différence avec les hommes, les femmes et les enfants qu'on égorge, ces temps-ci, dans certaines régions. De mon séjour dans cette ferme, ce sont mes seuls mauvais souvenirs. Et puis aussi, un peu, quand on m'a appris à tuer les lapins. J'essayais de me défiler mais j'en ai tout de même trucidé quelques-uns, bing, un coup sec du tranchant de la main droite, la main gauche tenant les oreilles. Le coup du lapin. Ça non plus, je n'ai pas aimé. La famille n'y voyait pas de mal. Pour eux, c'était naturel.

La fille de la maison était institutrice, elle s'appelait Finouche, et c'est elle qui m'a appris à lire, à écrire et à compter. Aujourd'hui, je sais qu'elle m'a aussi un peu appris à penser. Elle me parlait beaucoup. Avec des mots à elle. Avec des mots pour moi. Liberté, égalité, fraternité, tolérance, respect de la personne humaine. Démocratie. République. Des bêtises, quoi.

Ces années-ci, dans certains cercles politico-médiatiques, on la traiterait de droit-de-l'hommiste. Suprême injure !... Et, pour l'achever, elle serait même taxée de « belle âme », bien fait pour elle.

Sur le gamin de cinq ans, ça fonctionnait très bien, toutes ces niaiseries. Ça fonctionne toujours. Au bord de la mort, je n'en démords pas. Et ces marquis contemporains de la droite et de la gauche d'en haut ne relèvent à mes yeux que du haussement d'épaules. Ces malheureux ont, en vieillissant, tué l'enfant qu'ils étaient. Je vois des cimetières d'enfants suicidés, sanglotant dans la nuit. Sous les lugubres sarcasmes de tous ces assassins d'eux-mêmes. Bonsoir, Finouche. Merci.

Nous sommes dans les années trente-neuf-quarante, c'est la Seconde Guerre mondiale, et ce soir, sur le tard de ma vie, avec toutes ces images qui remontent, peu importe où se situe l'action, mon histoire se passe de géographie. Ce que j'essaie de raconter se situe dans ce qu'alors on appelait l'empire colonial, mais pour l'essentiel de ce que je ressentais et de ce qu'était mon univers de petit garçon de ce temps-là, les choses auraient eu la même importance si je les avais vécues en Provence, en Touraine ou dans le Massif central.

Le climat, la lumière, les senteurs dans lesquels je flottais, le ciel et la mer, tout est là, en plan général, mais sur l'écran de mon Pathé-Baby, ce sont d'abord les gros plans qui surgissent. Image et son. Je laisse tourner.

Une enfance algérienne, donc. Au début, ce n'était pas grave pour moi, d'être né là. J'étais né. Point. Et ça suffisait largement à ma peine. Il y avait bien ces histoires de Juifs et d'Arabes qui n'étaient pas comme nous, les « Européens », selon ma mère et son second mari ; largement nos égaux, selon Finouche. Mais bien que viscéralement très favorable à mon institutrice, j'étais encore, à six ans, dans ce qu'Henri Laborit appelle le « moi-tout ». Pour être exact, moi c'était plutôt vers le « moi-rien » que je penchais. Quand on me dit, aujourd'hui, à propos de mes enfants bien-aimés, allusion à ma relative notoriété : « Ça ne doit pas être facile d'être le fils de..., la fille de... » Pas facile non plus d'être le fils de personne.

Le jour anniversaire de mes sept ans, on m'a prévenu que je n'allais probablement pas tarder à rejoindre ceux qu'on appelait désormais mes parents. Ils habitaient Souk-Ahras, dans l'est du pays, à la frontière algéro-tunisienne. Nous, nous étions à Kouba, sur les hauteurs d'Alger, ma ville natale. Très loin les uns des autres. Je ne vois plus rien du voyage, ni même du probable arrachement d'avoir à quitter Finouche. Est-ce que je suis parti en train ou en voiture ? Seul ou accompagné ? Le serrement de cœur de ce soir, à l'instant même où je m'oblige à mettre ma vie au clair, me rappelle que ça ne devait pas être une scène de comédie. Première rupture. Premier chagrin d'amour. C'est un sentiment que j'ai éprouvé plus tard, lors de mes séparations d'avec des femmes qui ont compté pour moi : celui qui a la valise à la main n'est pas forcément le moins malheureux. Et encore, quand on est grand, on décide. Le cœur saignant, mais on décide. Quitte à revenir sur sa décision. J'ai connu. C'est très gai.

Le petit, là, il ne décidait rien. Comme un jeune soldat qui a reçu sa feuille de route, il y va.

Souk-Ahras. Un hôtel tenu par des Franco-Italiens, les Ridolfo. C'est là qu'on habite. C'est de plus en plus la guerre. Ça s'est rapproché. Il y a le front, en Tunisie. La petite ville est occupée par les Anglais et les Américains qui en ont fait leur base arrière. Du haut de mes sept ans, je ne les aime pas, ceux-là. Censés être nos alliés, nos sauveurs, nos libérateurs. Moi, je les vis en occupants. Cette façon qu'ils ont, depuis leurs Jeep ou leurs Dodge, de balancer leurs paquets de pain de mie et leurs chewing-gums sur la tête des petits Arabes !

Et puis, ces officiers qui ont établi leur QG dans notre hôtel, je pressens, en vrai petit mâle, qu'ils tournent tous autour de ma mère. Pas une pute, ma Maman. C'est après, lorsque, presque quotidiennement, elle versera dans l'obscénité des confidences, que je saurai qu'elle a couché avec le capitaine Andrew. « Le commandant de la place », précisait-elle fièrement.

Elle m'aura bien fait rougir, blêmir, celle-ci, avec ses cochonneries. Une fois, elle m'avait raconté dans le détail comment son mari avait abusé d'elle pendant son sommeil en découpant sa culotte avec des ciseaux. Encourageante image de l'homme. Après ça, va vers le monde, mon garçon ! Et vis ! C'est seulement là, dans ces moments d'intimité facultative, à sept ans, à dix ans, à douze ans, que j'avais l'impression d'exister. Une personne. Pas un enfant domestique, juste bon à débarrasser la table, aider à la vaisselle et faire les courses. Quand elle me susurrait ses histoires de cul, j'étais quelqu'un, un jeune ami. Qui peut comprendre. Joli modèle du couple qu'ils m'ont inculqué, ces deux-là. Sans parler des raclées qu'ils s'infligeaient. Elle aussi, elle tapait, à présent. Au début, elle avait été surprise mais là, elle s'était reprise. Elle lui lançait des objets au visage, ou bien elle le menaçait, un cintre, une bouteille, un fer à repasser... J'ai bien retenu la liste, elle s'en servait pour moi. Je sais maintenant, pour avoir lu Boris Cyrulnik, qu'on ne reproduit pas fatalement la violence qu'on a subie, enfant. Il arrive heureusement à certains de se construire contre la douleur du passé. Cyrulnik appelle ça la résilience. Je suis un pur résilient. Jamais battu mes enfants. Ou alors une tape, symbolique, sur les fesses. Et encore, avec les couches en plastique, ça amortit. Juste une fois, pour de vrai, mon fils Nicolas, quand il avait quinze ou seize ans, au plus fort de sa crise d'adolescence. Des imprudences, des folies, qui font peur aux parents. Je lui suis rentré dedans, d'homme à homme. À coups de poing, à coups de tête. Mais ça voulait dire je t'aime. Ça ne lui a pas échappé, à mon garçon. Il me l'a avoué, depuis. Et ça voulait dire merci.

Non, ma mère, c'était taper pour taper. Se venger, sur un otage inoffensif. Je me souviens comme d'une brûlure de cette rouste, reçue devant une jeune voisine, petite fiancée de fiction. Doublement blessé. Elle, ma génitrice, ce n'était pas une résiliente. C'est bien plus tard que j'ai appris que sa mère à elle, Joséphine Sanchez, ma grand-mère alcoolique, la tabassait aussi assez volontiers. On me l'a longtemps caché, ça, qu'elle se pochetronnait, l'espingouine. Avec elle, il paraît que ça y allait, le flamenco-ceinturon. Pour des riens. Pour deux minutes de retard, retour du lycée. Ma mère m'a toujours dit qu'elle n'a épousé mon père, malgré sa main pourrie, que pour fuir sa mère à elle, la folle. Ma mère à moi ne buvait pas. Elle avait cette supériorité sur la sienne de pouvoir être méchante à jeun.

Et pourtant, je l'aimais. Au début, je l'aimais. Quand elle venait – trop rarement à mon goût – me chercher à la sortie du groupe scolaire de l'avenue Victor-Hugo, à Souk-Ahras, j'adorais dire à mes copains qu'elle était ma mère. J'ai huit ans, là. Elle, vingt-neuf. Belle femme. Très belle. Élégante. Et, s'il faut tout dire, pas à l'abri d'un éclair de tendresse, quand elle me souriait, sur le trottoir d'en face.

C'est quoi, c'est qui, ma famille, en ce temps-là ? Elle. Ma Maman. Qui vient furtivement m'embrasser dans mon lit, avant d'éteindre. Son mari ne supporte pas qu'elle s'attarde.

Mon père s'est évaporé depuis longtemps. Je le rencontre, de loin en loin, dans une rue d'Alger, lorsqu'on m'emmène à la capitale. Un choc. Une collision. Il me soulève du sol, me fait tournoyer en me couvrant de baisers et de larmes et puis plus rien pendant des mois, des années. Claquant. Pour son excuse, on ne l'a pas exagérément encouragé à m'approcher. Mais ce soir encore, en écrivant ces lignes qui me sont soufflées par le gosse affolé que j'étais, je ne parviens pas à comprendre comment il a pu s'effacer aussi facilement de la vie de son fils.

Pour m'être trouvé, lors de mon premier divorce, menacé, du fait de mon ex-belle-mère – encore une bonne dame, celle-ci –, d'être privé de ma fille aînée, j'avais été saisi d'une telle fureur que – nul n'a eu le choix d'en douter – j'aurais poussé les feux jusqu'au rapt et, sur ma lancée, je pouvais même faire sauter l'immeuble en me barrant, mon bébé dans les bras.

Mon père, dont on m'avait si souvent vanté la spontanéité, aura été, dans la même situation, beaucoup plus placide. Peut-être l'avait-on informé – je cherche encore à lui pardonner – du réquisitoire que, presque chaque jour, ma mère et son conjoint prononçaient contre lui. Paresseux, malhonnête, il aurait même fait un séjour à Barberousse, la prison d'Alger, pour escroquerie. Moi, dans mon coin, je m'appliquais à résister comme je pouvais à cette intoxication. Je me disais qu'ils exagéraient tous les deux. Bien le portrait de son père ! À la moindre étourderie, ça revenait en litanie. Mon destin était tracé. Même physique, même caractère. Au détail près que moi j'avais mes deux mains et, pour la baston, dont je ne me suis jamais privé, dans la cour de récréation ou à la sortie des classes, pour ça, oui, je lui ressemblais. Depuis j'ai remplacé les coups par des mots. Plus gracieux.

Me revient le souvenir de l'anniversaire de mes quatorze ans où, au retour de courses harassantes (le frigo n'existait pas encore, c'étaient d'énormes pains de glace que je me coltinais, à fourrer dans la sciure, quarante à l'ombre en été, quatre étages à grimper), mon « parrain », très contrarié que j'aie oublié le paquet de cigarettes inscrit sur la liste des commissions, m'avait, d'une bourrade appuyée, envoyé valdinguer à l'autre bout de la salle à manger. Je me vois comme si c'était hier me relever, outragé qu'il m'ait frappé le jour de mon anniversaire, avancer doucement vers lui, mes yeux de tueur plantés dans les siens, et le prévenir sans élever le ton que la prochaine fois qu'il me bousculerait, c'est moi qui lui éclaterais la gueule. Il m'a cru sur parole. Il a eu raison. Et il ne m'a plus jamais touché. L'honnêteté m'oblige à préciser qu'il ne m'a presque jamais battu. Dans une sorte de casting conjugal qu'ils avaient fixé, c'est ma mère qui s'était attribué le rôle.

Dans les années cinquante, lorsque André Gide, écrivain alors très considéré par la société intellectuelle, avait fait frissonner le Quartier latin avec sa fameuse phrase : « Famille, je vous hais ! », je ne m'y étais déjà pas retrouvé. Ni haine ni rancune. De la mémoire.

À la périphérie de ma parentèle, deux grands-pères et deux grands-mères, paternels et maternels.

Ils habitent tous Alger, mais, à ce qu'on me dit, sont totalement étrangers les uns aux autres. Joséphine, l'Andalouse, la mère de ma mère, je n'ai d'image d'elle qu'en gisante, dans la chambre du bout du couloir de l'appartement du quartier Babel-Oued, le visage enveloppé de bandelettes. Ma première morte. Je suis tout petit, on m'a traîné là, je dois avoir entre trois et quatre ans, ne ressens aucune émotion, intéressé seulement par ces curieux bandages qui verrouillent la mâchoire de la défunte, dont, à force d'insistance, je finis par apprendre qu'on les a posés pour nous éviter la pestilence, vite insupportable en un lieu aussi exigu. Exit Joséphine. Je ne me suis souvenu d'elle que récemment, en parcourant pour la première fois l'Andalousie, avec ma femme, de Séville à Grenade, racines frémissantes, en quête d'une partie de mes origines, arpentant le quartier juif de la Juderia sévillane, errant entre les colonnes de la Mesquita de Cordoue, violée, éventrée jadis par les assaillants de la parole du Christ, temple oriental devenu cathédrale dont, par la trouée de l'allée centrale, un chœur improbable apparaît soudain, dans son incongruité, comme un pénis assoupi.

Depuis ce voyage, je suis plus que jamais taraudé par des interrogations généalogiques qui, si je m'écoutais, me propulseraient tout en haut de mon figuier. Des deux côtés de cette hérédité fantomatique, de fortes couleurs ibériques. Chrétiennes ? Juives ? Arabes ? Dans tous les cas, je suis un sang-mêlé.

Mon grand-père maternel est, de tous mes ascendants, celui que j'aurai le mieux connu. Enseignant jules-ferryste, tendance « radsoc », il se situait aux antipodes du discours raciste et fascisant que je subissais quotidiennement dans mon entourage immédiat. Surveillant général du plus grand établissement scolaire d'Alger, le lycée Bugeaud (depuis l'Indépendance, les Algériens l'ont, dans un esprit de symétrie historique assez comique, rebaptisé Abd-el-Kader !), il en a été nommé proviseur quelques années avant sa mort. Je suis assez fier de penser qu'il a eu pour élève notre glorieux Albert Camus. (Je reviendrai sur Camus, dont, en marge de ce que j'écris, je relis les *Chroniques algériennes*, de 1939 à 1958. D'un humanisme irréfutable. Et, sur l'Algérie d'à présent, tragiquement visionnaire, n'en déplaise à Sartre et à ses disciples.)

Gaston, mon grand-père préféré. Qui m'a recueilli pendant quelques mois chez lui et dans les petites classes de Bugeaud, alors que du côté des « amants magnifiques », j'encombrais un peu. Dieu merci, il était déjà veuf. La vieille folle, j'aurais mal supporté. Elle m'avait déjà légué sa fille, j'avais mon compte. Ma mère a toujours vénéré son père et encore aujourd'hui des photos sépia du superbe barbu trônent en bonne place, dans sa chambre à coucher. C'est l'un des rares angles sensibles de son personnage qui la rendrait presque émouvante. Comment peut-elle, sous le doux regard de celui qu'elle prétend idolâtrer, aller régulièrement glisser un bulletin Front national dans chaque urne qui lui est proposée ? Une énigme parmi d'autres. Me revoici sur ma mère alors que je m'efforçais de brosser un portrait de mes parents plus éloignés. Mais malgré les années qui passent, et bien qu'on ne se voie plus, qu'on ne se parle plus depuis huit ans, je l'ai, comme on dit, sur l'estomac, cette femme-là. Ça tient du reflux gastrique. Il faut dire qu'elle ne m'aide pas, elle. Avec l'âge – quatre-vingt-dix bougies cette année –, son pouvoir de nuisance est étonnamment intact.

Ma sœur Martine, la seule des jumelles à me rester – l'autre, Sylvie, que j'aimais tout autant, a été emportée, aux alentours de la cinquantaine, par un implacable cancer du pancréas –, s'est entendu dire par notre mère, vaguement agacée par Dieu sait quelle peccadille, qu'elle aurait préféré que ce soit elle, la survivante, qui meure. Exquise personne. Je me souviens d'un dialogue entre nous, il y a une trentaine d'années, qui venge tout le monde par avance. Alors que je me séparais de mon ex-femme Sophie (que sa belle-mère n'avait cessé de dézinguer en toute occasion durant nos quatorze ans de vie commune), voilà qu'au moment du divorce elle s'autodésigne avocate commise d'office de l'épouse délaissée. Pour m'emmerder – seulement pour m'emmerder –, elle m'agresse en me demandant doucereusement :

« Tu peux encore te regarder dans une glace ?

– Non, Maman, j'aurais trop peur d'apercevoir ton reflet derrière moi. »

L'un des rares affrontements verbaux que j'aie jamais eus avec cette femme qui, indiscutablement, a contribué à gâcher mon enfance, un grand pan de mon adolescence et même une parcelle plus secrète de ma vie d'adulte. Mon droit de réponse, je l'ai exercé bien plus tard en en faisant, publiquement, un personnage de comédie.

Sur la photo de famille désunie, je vois apparaître l'autre grand-père – dont j'ai tout oublié, jusqu'au prénom –, inspecteur d'assurances, vieux beau en guêtres blanches, qui, mi-distraction, mi-surdité, s'est fait écrabouiller par un camion militaire américain au moment du débarquement allié.

Troublé par la possible fatalité atavique, il m'arrive d'avoir une pensée pour lui, en traversant une artère trop fréquentée. Et puis Jacques, tonton Jacques, le jeune frère de mon père, et leur mère, ma grand-mère Marthe, l'aveugle. Ces deux-là, je ne les ai vraiment rencontrés qu'à vingt ans.

Tonton Jacques, la star de Radio Alger, qui, par la magie des ondes, a oxygéné de loin mon enfance solitaire. Le roi n'était pas mon cousin d'avoir un oncle aussi fameux. Qui de plus, sans le vouloir, me rendait mon nom. Sinon, sauf à l'école, autour de moi, dans les villes où nous avons vécu, commerçants, amis et relations de mes parents-sentinelles, je n'avais d'autre identité que celle de l'homme qui m'avait volé ma mère.

Jacques et moi n'avons que seize ans d'écart, et lorsqu'en 1954 – le couple infernal m'a « rapatrié » dans la région parisienne depuis 1950 –, jeune comédien débutant, j'atterris à Alger, ma ville, j'y découvre à la fois un oncle, un frère, un copain. Nous avons les mêmes goûts, nous rions des mêmes choses et les filles de la plage sont bien séduisantes. Un bel été. Je le vis en lévitation. La mer, la lumière du soir tombant sur la casbah, l'alternance des odeurs de grillades, d'épices et de jasmin, les sorties pour dîner et draguer, avec l'autre fou, qui trace à cent vingt à l'heure, à la limite du retrait de permis, mais pas lui, pas Jacques, trop connu, trop aimé, on fait escale dans cinq ou six bistrots, anisette et kémia à base d'olives, de poivrons, de pois chiches et de cacahuètes, c'est tout juste si on s'aperçoit que c'est déjà un peu la guerre. Pas mon affaire, je suis sursitaire. Et je sais déjà que, même sous la torture, je ne la ferai pas. Quelques années plus tard, je pousserai à son paroxysme une grève de la faim non avouée qui m'entraînera délicieusement jusqu'aux frontières de la mort. Aussi réfractaire que ces jeunes Israéliens qui préfèrent, quel qu'en soit le prix à payer, se priver d'un voyage à Gaza ou à Ramallah. Comme moi non plus il était évident que je n'irais pas canarder du bougnoule, on a préféré me relâcher. Merci docteur.

Au début de cet enchanteur séjour algérois, je vis chez ma grand-mère, qui, toute handicapée qu'elle soit par sa cécité, trottine dans son appartement de la rue Sadi-Carnot avec une aisance qui, dans les premiers jours, m'époustoufle. Elle y vit depuis si longtemps – elle n'est pas née aveugle, elle était là « avant » –, le décor lui est si familier que pas un angle, pas un passage d'une pièce à l'autre ne peut la surprendre.

Je suis réveillé chaque matin par l'odeur du pain qu'elle a fait griller pour mon petit-déjeuner. Peu préparé à tant d'attentions, je savoure toutes ces cajoleries, en bon miséreux affectif que je suis, comme un jeune réfugié rwandais adopté par une famille monégasque. Nous parlons beaucoup, ma grand-mère et moi. Vingt ans à rattraper. Parfois, l'espace de quelques secondes, je ne peux m'empêcher de penser qu'elle a perdu la vue, pas la voix, et si je lui ai tellement manqué depuis tant d'années, où que je sois, elle aurait pu me téléphoner, cette vieille vache !

L'autre aussi, le roi de l'audiovisuel maghrébin, ça n'aurait pas trop gravement perturbé son planning de me faire signe, un mot, une carte postale, un télégramme... Mais, bon, je suis déjà, sans le savoir, du genre *carpe diem*, je pratique – et c'est encore vrai aujourd'hui – le « rien ne m'est dû » et me jette avec enthousiasme sur le gâteau de vie qu'on m'offre, cet été-là.

Marthe, du fond de sa nuit définitive, ne cache pas son plaisir d'avoir un jeune interlocuteur disponible à domicile. Bavarde, intelligente et drôle, elle dans son lit, moi l'interviewant depuis mon petit pouf, je m'emploie, en fin de soirée, à rafraîchir les couleurs de ma consanguinité. Intarissable sur son illustre père, le bâtonnier puis député d'Alger, dont on m'avait jusque-là caché l'existence, elle m'apprend qu'il a fortement contribué à faire voter la loi Crémieux, accordant la nationalité française aux Juifs séfarades. (La question de savoir si ce qui était bon pour les Juifs l'était aussi pour les Arabes ne m'est venue que longtemps après.) Elle me le décrit comme un génie de l'éloquence et, au passage, me décerne un brevet d'hérédité dont je m'empare avec enthousiasme, peu préparé que je suis à tant d'encouragements. Bien l'arrière-petit-fils de son arrière-grand-père, agréable variante !

Depuis que je suis un artiste « engagé », il m'arrive, hors spectacle, de m'enflammer pour des causes que je crois justes, mettant à leur service ce rien de talent oratoire que ceux qui m'apprécient veulent bien m'accorder – et qui horripile tant certains autres –, je me demande souvent d'où ça me vient, tous ces mots-là, que je n'ai pas préparés et qui sortent dans le bon ordre de ma bouche, comme s'ils m'étaient dictés. Voici mon secret : c'est mon aïeul, de là où il est, qui m'envoie le texte !

Avec la non-voyante, nous parlons de ses fils, aussi. Fred, mon père, et « Jacquot », mon pote. Pas long à comprendre que c'est le cadet qui a sa préférence. Pour une mère tellement attachée au paraître, l'aîné qui se présente pompeusement comme « visiteur médical » (en fait, représentant de laboratoires pharmaceutiques, auprès des médecins qu'il sollicite pour leur coller ses produits, sillonnant inlassablement le territoire au volant de sa Coccinelle), ce type-là, au destin si modeste, est évidemment, pour une dame au *Who's Who* greffé dans le cœur, moins gratifiant.

Moi aussi, je l'appelais Fred. Pour Papa, c'était vingt ans trop tard. Il habitait une petite maison, un « cabanon », comme nous disions là-bas, tout près de la mer. Sa compagne, Lucette, une fausse blonde extrêmement bienveillante et assez commune, partageait sa vie avec une fillette de douze ans qu'elle avait eue d'un autre lit. Je leur rendais visite, aussi souvent que possible, mais le cœur n'y était pas. J'étais dans la politesse. Cet homme qui m'avait si douloureusement manqué durant mon enfance, voilà qu'à présent je me sentais coupable de n'avoir pas envers lui les élans attendus. Dans la frivolité de mes vingt ans, il y avait des détails « esthétiques » – je ne peux l'écrire, *a posteriori*, sans un peu de honte – qui me mettaient mal à l'aise : ce ridicule bonnet de bain multicolore dont il s'affublait pour entrer dans l'eau, quand nous allions à la mer ensemble ; cette main de cuir que je retrouvais sans plaisir et qui l'obligeait à nager « à l'indienne » ; le rire de sa concubine qui me sciait les nerfs au point de faire rimer gaieté avec vulgarité ; et cette petite fille étrangère qui, à la va-comme-je-te-pousse, me voulait pour frère... En leur compagnie, je me sentais soudain d'une froideur quasiment britannique ! Lorsque quelques années après je me suis immergé dans *Belle du Seigneur*, d'Albert Cohen, j'ai pris la mesure du sentiment que cet humain, mon père, m'inspirait vraiment : tendresse de pitié. Il me touchait, me bouleversait même, dans cette constante énergie qu'il déployait pour rattraper le temps perdu. Mais moi, en spectateur, je ne pouvais qu'applaudir le travail de l'artiste. Je ne voulais pas qu'il meure. Il est mort, dix ans plus tard, à cinquante ans et des poussières, d'une crise d'urémie. Je ne l'ai jamais appelé Papa.

Été 2003. L'année prochaine, j'aurai soixante-dix ans. Irréel. Trop jeune pour mon âge. Je freine autant que je peux. Réjouissante formule que j'ai trouvée, imparable : état civil, état d'esprit, état de santé. Jusqu'ici ça tient. Affaire de volonté. Et de chance. Mais je sais qu'à un moment, le temps va m'avaler. Peut-être la vraie raison de noircir du papier, entre deux guignolades, depuis quelques mois. Avant de retomber en enfance, je la raconte.

Au début de juillet, pour fuir l'atmosphère nucléaire du chaudron parisien, la tribu s'est réfugiée à Lumio, dans notre petite maison du bord de l'eau. La Corse, mon Algérie de rechange. Besoin vital de Méditerranée. À travers la fenêtre de mon bureau, sur l'autre rive de la côte, la citadelle de Calvi. Vacances studieuses comme toujours. Certains étés, pour écrire ou apprendre mes textes, je ferme les persiennes. Éviter d'être trop cruellement tenté par la beauté. Au-delà de la Revellata, la réserve de Scandola, d'une splendeur antique. Chaque saison, quelques mini-croisières d'un jour, à bord de bateaux amis. Depuis six ans, les gens d'ici nous accueillent fraternellement. Pour un pied-noir, comme on nous appelle, vu le comportement passé de certains de mes congénères, ce n'était pas écrit. Tout à l'heure, j'irai regarder, bouche bée, le soleil rouge se glisser dans la mer, au ras de la tour sarrasine. Si ma vie était un film, je dirais qu'il finit mieux qu'il n'a commencé.

Retour à ma cinémathèque intime. Dans le désordre, quelques séquences qui déboulent, en vrac. Terrorisantes. Mon oncle Lucien, petit propriétaire terrien, tonton Lulu, le mari de tata Mimi, sœur jumelle de ma mère, armé d'une carabine, fait des cartons sur les luminaires de la grande pièce à vivre où nous nous trouvons. Ma tante, mes cousins et moi avons jugé prudent de nous planquer sous la table pour éviter les balles perdues. Qu'est-ce que je fous, moi, dans ce western ? J'ai quel âge ? Et pourquoi, pour quelle faute à expier m'a-t-on mis dans les pattes de cet alcoolique militant ? De là où je suis, j'avoue que je m'embrouille un peu dans le montage. On m'a toujours dit que Lulu était parvenu à un tel degré d'éthylisme qu'on lui cachait tout ce qui se boit et qu'il se consolait en s'enfilant de l'eau de Cologne et autres breuvages impropres à la consommation. Ça ne lui réussissait pas. Je me rappelle que passé le fracas des objets brisés, il finissait toujours par nous débusquer, dans notre cachette virtuelle, du bout de son fusil. Je sens encore la rigidité glaçante du canon me grattouiller la fontanelle. De là, sans doute, mon peu de goût, depuis, pour l'abus des boissons fortes, le malaise et la colère – l'angoisse aussi – que j'éprouve au spectacle de l'ivresse, fût-elle élégante, de tous ceux, innombrables, qui ont traversé ma vie, un verre à la main, dont certains que j'admirais, que j'aimais, qui, méticuleusement, ont orchestré l'explosion de leurs neurones, de leur cœur, de leur foie et de leur pancréas, et reposent, enfin apaisés, dans le caveau de ma mémoire.

Dans le mouvement, dire à tous ceux, jeunes ou moins jeunes, qui, acteurs, chanteurs, musiciens, ne peuvent envisager de priver leur talent, réel ou supposé, de ces hectolitres d'alcool, de ces quintaux de substances plus ou moins hallucinogènes, leur dire, leur gueuler, à tous ceux-là, qui se rêvent tellement « dans le coup », tellement « tendance », que ce sont eux les conformistes, que ce sont eux les « blaireaux », clients obligés des milliardaires de la boutanche et de la came ; que

Verlaine, Fitzgerald et Otis Redding auraient probablement développé, dans leurs genres respectifs, la même intensité de génie en faisant l'économie de tout ce qu'ils se sont enfilé dans le gosier, dans le pif ou dans les veines...

Rock'n'roll attitude. Pitié. Grâce. Stop. Basta. Halte au feu.

Changement de plan. J'ai sept ans et trois minutes, je viens de débarquer à Souk-Ahras, enlevé à ma tendre Finouche, et je me vois, enfermé dans les toilettes de l'hôtel d'Orient, la bistouquette à la main, face à un grand Arabe d'une trentaine d'années, lui-même en train de se débraguetter, une drôle de lueur dans l'œil. C'est un employé de la maison, dont – mémoire sélective – j'ai rayé le nom et le prénom. Ce type, à qui j'ai eu l'innocence de raconter nos jeux de plein air, entre copains de la ferme de Kouba, où, tout farauds que nous étions de nos petits robinets, nous lancions à la cantonade des défis comparatifs se terminant souvent par des exercices de masturbation collective tout aussi émouvants qu'improductifs – six, huit, douze ans ! –, lui, salaud, me propose à son tour de mesurer nos appendices. Et me voici dans ces chiottes, face à ce gros dégueulasse qui, de toute évidence, a d'autres projets en tête qu'un concours de quéquettes. À sept ans, je suis naïf, bien sûr, mais, grâce à mes camarades de la campagne un peu plus âgés, depuis longtemps déniaisé. D'autant qu'avec les boucs, les coqs, les taureaux et les étalons, j'ai eu d'excellents professeurs d'éducation sexuelle. L'autre vicelard, avec son pauvre braquemart, il arrive un peu tard. Je me souviens même de la phrase qui m'a traversé l'esprit, presque à haute voix, ce jour-là : « Mais c'est qu'il veut m'enculer, cet enculé ! » Étrangement, je n'ai pas peur. Avant qu'il ait eu le temps de dégainer son outil, je me jette sur la targette et me carapate dans le couloir en me reboutonnant. Je crois même me souvenir que dans mon échappée belle, j'ai éclaté de rire. Bonne nature. N'empêche, c'était une tentative de viol. Viol, gros mot que je ne connaissais pas à sept ans. Pas plus que pédophile. Maintenant que les médias débordent de ces affaires-là – on apprend que certains parents vont jusqu'à prostituer leurs bébés, et pas seulement en Thaïlande –, je pense souvent à toutes les filles et à tous les garçons de ma génération – et c'est encore vrai pour les suivantes – qui ont vécu cette horreur dans le silence et dans la honte, violés, eux, pour de vrai. Bien que je m'en sois sorti à bon compte, je me suis tu, moi aussi. C'est ce soir, en tisonnant les braises de mon passé, que ça remonte, cette histoire. Et là, ce n'est plus la rigolade, c'est la rage qui m'envahit la gorge. Loin d'être un puritain – j'ai lu Sade et Bataille –, les amours forcées, singulièrement quand on touche aux enfants, sortent radicalement de l'écran de mes indulgences. Plus tard, j'ai appris que mon candidat sodomite était un homosexuel repéré dans notre petite ville. Pédé et arabe, il n'aura pas plus réussi à me rendre homophobe que raciste. Mais ce salopard-là, que j'espère mort dans les pires convulsions sidéennes, au cas où il aurait impunément survécu, qu'il prenne garde à mon petit couteau, oui, lui ou son semblable, qu'il soit arabe, moldo-valaque ou tout bêtement belge, qu'il fasse gaffe à mon cran d'arrêt, si, par extraordinaire, il se retrouvait sur ma route, je le castre.

L'Algérie. Camus. Les articles qu'il écrit dans *Alger républicain*, du 5 au 15 juin 1939, pour avertir l'opinion et les pouvoirs publics de l'extrême misère qui s'est abattue sur la Kabylie. L'absolu dénuement. La faim. La mort. « *Par un petit matin, j'ai vu à Tizi-Ouzou des enfants en loques disputer à des chiens le contenu d'une poubelle.* » Pour les Français de France qui connaissent mal l'histoire de l'Algérie d'hier et d'aujourd'hui, il n'est peut-être pas inutile de préciser que la Kabylie est une région « à part », du haut de ses collines du Djurdjura, très attachée à son identité berbère – c'est de là que nous est arrivé mon génial collègue et ami Fellag –, et si les néophytes de bonne volonté poussent la curiosité jusqu'à lire ou relire Albert Camus comme je le fais, moi, ces jours-ci, ils sauront comment les responsables gouvernementaux de l'Algérie française d'alors, censés transmettre aux populations indigènes les bienfaits de la civilisation, les ont tranquillement laissées crever, dans l'indifférence et le mépris de leur bonne conscience. Ils n'en demandaient pourtant pas beaucoup, les Kabyles de cette année-là. Quelques grains de blé ou d'orge pour en faire de la galette ou un maigre couscous, un peu d'huile d'olive afin d'égayer le tout... Les bons jours, un oignon ou deux figues...

Sous la plume horrifiée du jeune Albert Camus, nous apprenons qu'ils devront, pour tout potage, se contenter de tiges de chardon. « *Je savais en effet que la tige de chardon constituait une des bases de l'alimentation kabyle. Je l'ai ensuite vérifié un peu partout. Mais ce que je ne savais pas c'est que, l'an dernier, cinq petits Kabyles de la région d'Abbo sont morts à la suite d'absorption de racines vénéneuses. Je savais que les distributions de grains ne suffisaient pas à faire vivre les Kabyles. Mais je ne savais pas qu'elles les faisaient mourir et que cet hiver quatre vieilles femmes venues d'un douar éloigné jusqu'à Michelet pour recevoir de l'orge sont mortes dans la neige sur le chemin du retour.* »

Dix jours. Son reportage a donc duré dix jours, du 5 au 15 juin 1939. Moi, le 15 juin de cette année-là, j'ai eu cinq ans. Aussi peu câliné que je le sois à la maison, je suppose que l'on m'a nourri. On n'a sûrement pas fait les frais du gâteau praliné, les cinq bougies, les paquets-cadeaux et tout le tralala, mais, la connaissant, je ne serais pas étonné que ma mère nous ait préparé un bœuf en daube, qu'elle réussissait très bien. Elle faisait également une succulente blanquette de veau. Les plats plus typiques, couscous, méchoui, tagine, tchoutchouka, etc., n'avaient pas droit de cité chez nous. Nous mangions français. Il m'a fallu attendre d'avoir treize ans, enfermé comme pensionnaire au lycée Saint-Augustin de Bône, pour avoir accès à une alimentation plus orientale.

L'école. Il en parle, Camus, de l'école. Du désir d'école dans les familles kabyles, pour leurs garçons et même pour leurs filles. Et ce qui est vrai pour la Kabylie – là, c'est moi qui ramène ma fraise – vaut aussi pour toute l'Algérie. (Sur la photo de groupe de ma classe de cinquième, un seul Algérien pour une vingtaine de gosses. En revanche, c'est le seul ami d'enfance que je vois, que je revois encore. Il me rend visite à Paris, nous nous téléphonons pendant des heures d'un continent à l'autre, depuis près d'un demi-siècle. Il est avocat, libre penseur, libre parleur et je tremble pour sa famille et pour lui, comme pour tous les vrais démocrates algériens, pris entre les deux feux de la folie islamiste et d'une sécurité militaire corrompue jusqu'à l'os.)

En 1939, Camus écrit encore : « *Les Kabyles réclament donc des écoles, comme ils réclament du pain. Les Kabyles auront plus d'écoles le jour où on aura supprimé la barrière artificielle qui sépare l'enseignement européen de l'enseignement indigène, le jour enfin où, sur les bancs d'une même école, deux peuples faits pour se comprendre commenceront enfin à se connaître.* »

Six ans après c'était la guerre. Du moins quelques flammèches qui annonçaient l'embrasement général, du côté de Sétif. On a d'abord appelé ça les « événements ». Puis la « pacification ». Et puis la guerre. La guerre d'Algérie. Évitable. Atrocement évitable. Que de morts pour rien, des deux côtés. L'irrépressible engrenage de la peur, de la vengeance et de la haine qui finit par justifier aux yeux de ceux qui les commettent toutes les exactions, toutes les outrances, qu'il s'agisse de la torture exercée par les parachutistes français sur les « suspects » algériens, ou, inversement, les carnages de civils européens – et souvent algériens – commandés par les plus radicaux des chefs du FLN. Dans cette histoire algérienne, il n'y a pas de vérité compacte.

Pour paraphraser Pascal : la guerre a ses raisons que la raison ne connaît pas. Quand on arrive au tic-tac coup pour coup, dent pour dent – impossible de ne pas penser à ce qui se passe actuellement au Moyen-Orient entre Israéliens et Palestiniens –, il est trop tard pour les discours de paix. De la nécessité de les écouter lorsqu'on peut encore les entendre.

Cette guerre d'Algérie, je ne l'ai pas faite. Je n'ai pas voulu la faire. Pas seulement pour me dérober à mes « obligations militaires » – insoumis viscéral, « la discipline est la force principale des armées », ça m'allait bien, ça ! – mais je préférais crever – quinze kilos perdus en deux mois, les doigts déformés par une carence osseuse – que d'aller tirer sur ceux qui ont représenté la pâte humaine des quinze premières années de ma vie. On m'a réformé pour maladie mentale. On a eu raison. Fou, je l'étais, de colère et de désespoir. Je n'ai donc pas de sang algérien sur les mains. Ni français. Durant les quelques semaines que j'ai vécues incarcéré dans ce fort de Vincennes, j'ai frôlé des jeunes gars de mon contingent. Venus de Bretagne, de Picardie ou du Limousin, la question algérienne ne les avait pas beaucoup tracassés jusque-là. Pas plus d'ailleurs que la défense de notre « empire colonial ». Ils sont partis là-bas sans trop d'allant mais programmés pour obéir. Certains y ont laissé un bras, une jambe ou carrément la peau (d'autres y ont même perdu leur âme, en rejoignant bon gré mal gré le camp des tortionnaires). Ces innocents, à la marge de ce qui me tourmente depuis tant d'années dans mon algérianité perturbée, je ne les ai jamais oubliés. Pour avoir été approché, aux folles années de Saint-Germain-des-Prés, par des réseaux de « résistance » favorables au FLN qui ont cherché à me coopter comme « porteur de valises », je me félicite encore d'avoir obstinément repoussé leurs avances. Il n'y a pas de bons morts et de mauvais morts. Ni algériens ni français. *Peace and love*. Depuis, dans la sympathie tenace qui me lie aux Algériens, j'ai rencontré des artistes, des intellectuels, des politiques, hommes et femmes – la tranquille bravoure des femmes de là-bas ! –, qui accusent clairement, de Boumédiène à Bouteflika, le régime du parti unique d'avoir confisqué cette indépendance pour laquelle ceux qui en ont l'âge ont durement lutté. Sans toutefois regretter le « temps des colonies », ils sont tous convaincus qu'on aurait pu, si l'on avait été moins sourd aux propositions d'hommes comme Camus ou Ferhat Abbas, faire l'économie de cette boucherie en lui substituant une solution à la calédonienne, à la sud-africaine, dont les effets ne sont pas si négligeables. Trop tard. On ne refait pas l'histoire.

Camus, je ne l'ai rencontré qu'une fois. Il mettait en scène une pièce de Calderón, *La Dévotion à la Croix*, prévue pour le festival d'Angers, dont les répétitions se faisaient au

Pré Catelan, en plein bois de Boulogne. La vie est passée, la mort aussi, et je suis devenu l'ami de la famille de Lourmarin, en Provence : sa fille Catherine, sa petite-fille Élisabeth...

Mais je n'ai jamais pu franchir le seuil de la maison du père sans un battement de cœur.

Et Catherine qui m'invitait, il y a deux ans, à venir écrire mon spectacle là-bas !

« Tu travailleras dans la chambre de Papa.

– Tu es complètement folle, c'est le blocage assuré. »

Je m'imagine notant sous la dictée la célèbre première phrase de *L'Étranger* : « *Aujourd'hui, ma mère est morte.* » À laquelle je n'aurais pu m'empêcher d'ajouter : « *Enfin ! La vieille carne a fini par lâcher prise !!!* »

Je blague.

Pourquoi, pour qui me suis-je mis, depuis quelques semaines, à écrire, à temps perdu, sur mes blessures d'antan ?

Et, pour la première fois, sans me cacher derrière le masque de l'humour ? D'où me vient ce sentiment urgent d'avoir à me présenter « pour de vrai » ? À la volée, j'aurais tendance à répondre : pour moi. Mais aussi pour les autres. Pour mes enfants. Pour les enfants des autres. Pour ceux, parmi les adultes – j'en connais tant –, qui ne parviennent pas à résorber les lésions du lointain. Nous sommes tous d'anciens bébés. Dans cet étrange scénario testamentaire, l'enfant en personnage principal, mais c'est le père qui tient la plume.

Ma fille Leslie m'avait invité, il y a quelques années, à la dernière de son émission « Câlin express » sur France Inter. À la terrible question : « C'est quoi être père, pour toi ? », j'avais répondu : « C'est avoir peur. »

Constantine, été 46. J'ai douze ans. Ce matin-là, j'ai quitté la maison comme si de rien n'était, mon couffin à la main, pour le marché quotidien. En vrai, j'ai décidé de partir. Pour toujours. Ma première fugue. La veille, j'ai rencontré mon père, le commis voyageur, de passage dans notre ville. Rencontre fortuite, comme toujours avec lui. Il m'a dit qu'il était là pour quelques jours mais nous n'avons fixé aucun rendez-vous. Je ne connais même pas l'adresse de son hôtel. Depuis des heures, j'erre dans les rues, mon bagage de rafia vide à la main. Je suis allé rôder du côté du seul établissement hôtelier vaguement luxueux que je connaisse – j'y ai séjourné, jadis, avec mes geôliers – mais, même à douze ans, il est évident pour moi que mon père n'a sûrement pas les moyens financiers de s'y offrir une chambre. Et plutôt mourir que de pénétrer dans le hall pour me renseigner. Mourir. Tiens, une idée à creuser, ça, mourir. Mourir sans attendre. C'est ce jour-là, dans la touffeur de l'été nord-africain, que ce projet d'évasion radicale vers l'inatteignable me traversera l'esprit pour la première fois. Ce ne sera pas la dernière. Je n'ai été guéri de ce cancer mental qu'à la naissance de mes enfants. En cas de mal incurable ou de handicap majeur, je n'affirme rien. Mourir dans la dignité.

J'avance en somnambule dans cette petite cité constantinoise, d'une étonnante singularité géologique, et me dirige vers les gorges du Rummel traversées par le Pont-Suspendu, une passerelle métallique dont je me souviens qu'à l'époque elle me terrifiait. D'autant qu'on l'appelait aussi, plus couramment, le Pont-des-Suicidés. Je m'y rends, comme aimanté. Si la chance me sourit, mon père m'y attend, au volant de sa vieille décapotable. Autrement je me jette. *Adios*. Je suis trop mal avec vous. Au-delà de ma mère et de son homme, je ne supportais pas, je ne supportais plus leur clan d'amis et relations. Ils étaient au mieux avec le frère d'un ancien ministre du gouvernement de Pierre Laval, porteur des mêmes idées pronazies que son frangin. Pendant toute la guerre, ce joli monde se délectait à l'écoute de Philippe Henriot sur Radio Paris, faisait assaut, à longueur de soirée, de propos racistes, antisémites et, sur la table basse du salon, les seuls livres que j'avais vus traîner pendant l'Occupation étaient, du grand Céline, *Bagatelles pour un massacre* et *L'École des cadavres*. À dix ans, je résistais à ma façon en écoutant Radio Londres en cachette. En 46, la messe était dite, de Gaulle avait gagné sur Pétain ; Henriot avait été abattu par les FFI ; heureusement pour ma mère, en Algérie, on ne tondait pas les femmes qui avaient eu des faiblesses pour l'occupant anglo-américain...

Mais qu'est-ce donc, alors, qui m'avait désespéré si fort, ce jour-là, au point de m'inciter au grand départ pour l'enfer ou le paradis ? D'abord, une ambiance générale. La terre avait tremblé plusieurs fois, à Constantine, pendant l'été, et ça m'avait épouvanté. Dick, mon cocker, mon confident des heures de blues, qui hurlait à la mort pour nous annoncer chacun des soubresauts sismiques qui allait secouer le domicile parental ! Mauvais climat dans l'appartement du quartier Bellevue. Ma mère, encore plus nerveuse, plus agressive qu'à l'accoutumée, venait de faire emprisonner une femme de ménage algérienne pour une paire de draps égarés. Et moi j'avais pris quinze ans ferme à l'âge de deux ans ! *Scappa*. Je me tire. Je me barre. Je n'ai que douze ans mais tout me dit que je n'ai plus rien à faire avec ces gens. En héros de la dernière heure, je vais rejoindre Jean Moulin.

Mon père n'était évidemment pas là, mais, instinct de vie et de combat, j'ai renoncé au projet de m'écrabouiller au fond du ravin.

Ils m'ont retrouvé à la nuit tombante, allongé sur le trottoir de la rue Caraman, à l'orée du quartier juif, en face du théâtre municipal. Je ne le savais pas encore mais Molière, Beaumarchais, Marivaux et Musset, mes vrais parrains de plus tard, veillaient sur moi.

Je suis retourné à Constantine. En 1988 – quarante-deux ans plus tard –, flanqué de mon petit garçon de neuf ans en garde du cœur, je me suis baladé rue Caraman ; j'ai parcouru, avec une aisance légèrement surjouée, le long et le large du Pont-Suspendu...

Ce drôle de pèlerinage m'est offert par Mireille Dumas et Dominique Colonna, son mari, pour un film documentaire – le premier – de leur minisérie, *Le Passé retrouvé*. Je n'ai accepté ce périlleux exercice qu'en raison de l'affection véritable qui me lie à ces deux-là. Confiance absolue – rare chez moi vis-à-vis des gens de télévision – en leur sensibilité, en leur loyauté. Et je vis comme un définitif exorcisme l'image de mon fils, mon double au même âge, si libre, si sûr de lui et des sentiments qu'il inspire, arpentant joyeusement le territoire gris-bleu de celui qu'à tue-tête il appelle Papa. Sauvé. Heureux. Oui, heureux.

Après tout, même si certaines cicatrices sont encore un peu saignantes, je ne m'en suis pas si mal tiré. Et je n'ai pas que de mauvais souvenirs, ici : il m'arrivait de sortir de chez moi ! Revenir. Je suis revenu. Ce rêve qui a si souvent traversé mes nuits métropolitaines, voilà qu'il se matérialise. Je suis là, mon fils est là, et je marche et j'avance dans mon rêve. Vivant. J'oublie le micro et la caméra. Mon lutin de fils m'y aide bien. Et Mireille, plus en amie, en sœur qu'en journaliste, saura, tout au long de notre voyage, traquer la catharsis, en virtuose de l'âme, orchestrant subtilement l'alternance de la parole et du silence.

Nous avons exploré toutes les villes de ma jeunesse contrariée : Constantine, d'abord, puis Souk-Ahras, Annaba (Bône, du temps des Français) et enfin Alger. Cette très remuante équipée aura duré une quinzaine de jours. L'excitation des retrouvailles – insomnies à la clé – débouchant sur des phases d'abattement abyssal. Je suis en hypnose. Et Mireille, têtue comme une chèvre, ne me lâche pas d'un pouce, derrière sa caméra. Je me souviens, autant par fatigue que par jeu, avoir simulé une syncope, couché à même le sol, au milieu de la rue, en plein centre de Constantine. Les voitures et les passants me contournaient gentiment, sans s'en offusquer. J'étais bien. Contact charnel avec ma terre natale. Et mon ciel sur la tête, dans cette lumière rousse de fin d'après-midi. Je ne l'ai retrouvée que bien plus tard, dans cette île de Beauté qui m'accueille aujourd'hui.

Je suis d'une génération qui ne voyageait pas hors des villes qu'elle habitait. C'est grâce à ce tournage que j'ai découvert Tipaza, à quelques minutes d'Alger. Je n'en avais eu connaissance qu'à travers la lecture de Camus. Choc. Splendeur romaine du site, que même l'architecte Pouillon n'a pas réussi à saccager. Entre deux prises de vue, nous nous laissons aller à de furtives curiosités touristiques. Un guide attaché au lieu, au-dessus des vestiges, nous donne quelques informations sur la vie quotidienne d'un foyer romain, décrivant, pièce par pièce, les habitudes, les comportements de chacun, le mode de vie au sein d'un atrium. Fou rire intérieur en repensant au fameux dessin de Sempé où l'on voit une étudiante archéologue fantasmer, à partir d'un simple pilier, sur une paroxystique scène d'orgie en pointillés.

Making of personnel du tournage : Nicolas au cimetière Saint-Eugène, sur la tombe de mon père :

« Mais ils sont rangés comment, les morts ?

– Je sais pas. Les uns à côté des autres. Ou les uns sur les autres. Je sais pas. »

Je sens qu'il se demande où on va me poser,

moi, bientôt. Pierre Desproges nous a quittés depuis peu, Nicolas l'adorait et, poussé en même temps que Perrine et Marie, les filles, par Hélène, la femme de Pierre, dans la chapelle ardente improvisée de l'Hôpital américain, il vient d'avoir la révélation qu'un Papa, même très rigolo, ça peut mourir un jour. Ça l'inquiète un peu.

Le film a beaucoup plu. On m'a rapporté que même les pieds-noirs partisans de l'extrême droite, qui croient pouvoir refaire la guerre d'Algérie en jetant les Arabes à la mer, avaient été touchés. Étonnés que le « pied-rouge », le renégat que je suis pour la plupart d'entre eux, n'ait pas oublié le pays d'où il vient. Beaucoup de ceux-là, qui ne sont pas pour autant des nazis ontologiques, vivent dans l'amertume et le chagrin d'avoir été maltraités par l'Histoire. Tous n'étaient pas des colons exploiteurs de la misère algérienne. Ils vivaient « là-bas », modestes parmi les modestes, en sympathie avec leurs amis algériens. Comme on l'a dit pour d'autres, en d'autres temps, leur seul crime est d'être nés. D'être nés là. Mais ceci est une autre histoire qui disparaîtra avec nous, les « anciens ». D'ici vingt ans – excepté les historiens patentés –, personne ne parlera plus de l'Algérie qu'on appelait française.

Treize ans. On m'a mis en pension au lycée de Bône. Cinquième A. Littéraire. C'est dit : je serai un littéraire. Scolarité cahotique. Depuis l'école primaire, tête de classe en français, intéressé par l'histoire, inéluctablement étranger aux langues étrangères, aux mathématiques, aux sciences naturelles et à d'autres matières que je serais porté à considérer comme facultatives.

À Souk-Ahras, cours moyen deuxième année, l'institutrice, Mme Fanny, à la remise des copies corrigées, lisait ma rédaction à haute voix, devant toute la classe. Au comble de la félicité, j'ai plusieurs fois tenté de bisser à la maison. Bide, comme nous disons chez les théâtreux. Ma mère, m'interrompant à la cinquième phrase :

« Bon, c'est très bien. Allez, va mettre la table ! »

Fidèle à son style, elle a remis ça alors que

j'étais déjà connu et reconnu dans mon métier d'amuseur public. Elle me téléphone un jour pour me dire :

« Oh ! écoute, j'ai failli avoir un accident de voiture à cause de toi. Je t'ai écouté à la radio dans ton truc, là, sur le patron qui dégringole de l'immeuble. Je riais tellement que j'ai été forcée de me garer pour pas percuter un arbre.

– Mais Maman, je te l'ai lu, ce sketch, dans ton salon, il y a six mois, tu n'as pas souri une fois. C'est les rires du public qui te font rire. La prochaine fois que je voudrai faire une avant-première chez toi, j'amènerai du monde. »

La pension. Le dortoir, le réfectoire, la cour, un petit terrain de foot cerné par une piste de course à pied... Si on a voulu m'enfermer là pour me punir, c'est raté. Comme toujours je fais mon tri, mais, parmi mes compagnons de captivité, élèves ou même surveillants, il y a des êtres humains à qui parler. Ça me change de mon chien.

Du plus loin qu'il m'en souvienne, aucun de mes camarades de classe, aucun de mes copains de jeu – ne parlons pas des filles – n'a jamais été autorisé, ne serait-ce que pour un déjeuner ou un dîner, à pénétrer dans la maison. Et comme – circonstance aggravante – ils étaient souvent arabes ou juifs (ou un peu les deux), la question n'était même pas posée.

À présent que je suis passé de l'« autre côté », mes enfants me vengent en invitant qui leur plaît, dans une allègre bousculade ethnique et sociale, guidés par leurs seules affinités, des filles et des garçons tout droit sortis d'une affiche Benetton : maghrébins, africains, juifs – ils ont même réussi, en plein Paris, à dénicher deux frangins palestiniens !... Certains étés, ici, en Corse, comme la maison n'est pas élastique, j'en retrouve, au petit matin, pelotonnés dans les hamacs du jardin. Même les gosses de riches ont leur chance !

Cette année de mes treize ans clignote dans mon souvenir comme un moment phare de ce qu'aurait pu être et de ce que sera finalement la suite de mon existence.

Premier coup de théâtre : à l'occasion d'une permission de sortie où je suis reçu dans ce que je ne parviens pas à appeler ma maison, tant je m'y suis toujours vécu comme un intrus, ma mère m'annonce comme une bonne nouvelle qu'elle a décidé de se séparer de celui dont j'apprends du même coup qu'il n'est pas son mari mais seulement son amant.

Avec force détails, elle me déroule la feuille de route. L'année scolaire terminée, nous allons nous enfuir tous les deux pour la France, en amoureux. Ma tante Adèle, dont le mari est flûtiste à la Gaîté-Lyrique, prévenue par un abondant échange de correspondance, nous attend à Paris. Je m'efforce de rester aussi flegmatique que possible, mais à l'intérieur, j'exulte. Ma mère, rien que pour moi. Une nouvelle vie. Tout peut arriver.

Et, en quelques minutes, j'ai tout oublié. L'épais dossier de griefs accumulés depuis que j'ai eu accès à la conscience, les injustices, les mauvais traitements physiques et moraux, les sales confidences, les cris, les coups entre eux sous les yeux d'un gamin, tous les manques, manque de tout, d'attention, de respect, d'amour, dont je n'ai jamais avoué qu'ils auraient pu me précipiter dans la mort, tout est pardonné pour quelques phrases d'élémentaire humanité, d'inattendue maternité, et c'est la délivrance, la méchante reine métamorphosée en Blanche-Neige, avec moi en Simplet transi, prêt à la suivre au bout du monde.

Le deuxième coup de théâtre est tombé comme un rideau de fer à l'aube de mes quatorze ans. Blanche-Neige est enceinte. Simplet ne grimpera pas dans l'avion pour Paris.

C'était un temps où quand les femmes étaient « prises », à moins d'accoucher sous X, elles étaient reprises. En février, nous avons eu des jumelles.

Martine, Sylvie.

Mes premiers bébés.

Lorsque Sylvie est morte, il y a trois ans, c'est une sœur aimée qui partait, mais aussi un enfant que je perdais. Cette fille de quatorze ans ma cadette, dont j'avais été la nounou, le petit père (biberons, langes, barboteuses, promenades des jumelles dans leur landau anglais n'avaient pas de secret pour moi), ce nourrisson tendrement bercé, torché, tripoté, chatouillé, dont, depuis sa naissance, j'avais entendu les gazouillis, les papotis de poussette, voilà que je me trouve à son chevet, dans sa petite maison de l'Isle-sur-la-Sorgue, pour accompagner son agonie. Relayé par ses amis, je masse doucement son corps – son squelette – grignoté par les métastases : le dos, les bras, les mains, les jambes, les pieds. Elle me dit que ça lui fait du bien. Me remercie d'un souffle. Je lui murmure que je l'aime, que je l'ai toujours aimée, qu'elle est une fille bien, que tous ceux qu'elle a accompagnés dans l'amour et dans l'amitié sont là, qu'ils ne la quittent pas. Extrême-onction laïque.

En pleine tournée de représentations de mon spectacle en province, les hasards du calendrier m'ont programmé pour une semaine dans un théâtre de Marseille. Tout près de l'hôpital d'Avignon, puis de la véranda de l'Isle-sur-la-Sorgue où l'on nous a autorisés à installer notre malade pour finir ses jours à domicile. Vers dix-huit heures, je me rends à mon rendez-vous d'humour avec les Marseillais, passant du chuchotement de la mort annoncée aux stridences du divertissement affiché. Rude alternance. *Comediante, tragediante*. Plus facile à jouer qu'à vivre. « Il faut que le rideau se lève ! » « *The show must go on !* » Slogans de boutiquiers. Je pouvais aussi bien tout plaquer. Qui peut, en pareille épreuve, juger de ce qui est convenable ou pas ? J'ai joué pour elle. Ce spectacle qui lui avait plu, qu'elle avait vu et revu, plusieurs fois, beaucoup plus noir que rose, je le lui offrais, chaque soir. Comme à quelques-uns de mes morts qui m'escortent constamment et qui montent sur le plateau avec moi. Simone, Pierre, Michel, Barbara et les autres. Mon jury d'honneur.

Sylvie a eu la politesse d'attendre le soir de ma dernière au Gymnase de Marseille pour s’endormir à jamais. Après l’avoir veillée, pleurée – n’écoute pas ce qu’on te dit, quand tu as de la peine, pleure ! –, je suis parti pour le théâtre. Le public a beaucoup ri.

Août 2003. Hier, Martine au téléphone. Trois ans sont passés, mais je sais qu'elle vit l'absence de sa jumelle comme une amputation. Bien qu'assez dissemblables (elles ne sont pas nées dans le même œuf, disait ma mère à satiété. Ça me dégoûtait un peu, cette image !), aucune ressemblance physique, pas le même caractère, des chamailleries, des disputes, des fâcheries, mais cousues l'une à l'autre par l'invisible fil de la gémellité, rien ni personne – pas même leur mère, championne du diviser pour régner – n'a jamais pu les décrocher. Toute leur vie, elles se seront suivies à la trace. Habitant « par hasard » le même arrondissement de Paris, décidant « par hasard » de se replier en Provence, à une distance, d'une maison l'autre, ne dépassant jamais le quart d'heure. Aussi troublant qu'émouvant. Sylvie enterrée, pour ne pas avoir à passer trop souvent devant le cimetière où sa sœur se repose,

Martine a quitté le Luberon pour les Alpilles, moins crève-cœur géographiquement. Symbole de résistance à la fatalité du malheur, je lui ai offert un bouquet de palmiers adultes pour égayer son jardinet de Saint-Rémy. Au-delà de nos différences – pas le même âge, pas le même père –, nous nous serons beaucoup aimés, tous les trois. Ce n'était pas écrit. Nées dans l'inopiné, elles m'avaient fortement dérangé dans le projet adolescent qui m'était promis. Toutes les raisons, sinon de les détester, du moins de garder mes distances. À leur arrivée à l'aéroport de Bône – ma mère avait accouché à Paris, dans des conditions qui, à l'entendre, évoquaient plus la tentative de meurtre que l'enchantement de l'enfantement –, je me revois m'emparer de Martine, deux mois, emmitouflée dans son burnous de laine rose, et la serrer dans mes bras, lui soutenir instinctivement la tête avec ma main gauche, dans un geste paternel que j'ai retrouvé, bien après, avec mes vrais bébés. Juré, craché, on ne m'avait rien appris. Une amie pédiatre disait récemment à Joë, la Maman de Nicolas et Victoria, que j'étais un père absolu. Oui. (Surtout si la mère séparée ou quelque autre « pièce rapportée » ne joue pas médiocrement, injustement contre moi. Message personnel, qui n'a rien à faire ici.)

De mes deux sœurs, pour des raisons inexprimables, Martine a longtemps été ma préférée. Sylvie, affamée d'amour comme nous l'étions tous les trois, en a beaucoup souffert. Dans les dernières années, j'ai réparé aussi bien que je l'ai pu – sans trop d'effort, je l'aimais, mais pas à la température souhaitée –, je suis même allé, pour la réconforter, jusqu'à tirer un rideau de tulle entre Martine et moi, mais la demande était trop forte.

Au portail de la mort, il y a eu une telle fusion, une telle osmose entre nous trois que j'ai réussi à me convaincre qu'elle est partie rassurée.

Au revoir, petite sœur. À bientôt.

1948. Je n'y vois pas une relation de cause à effet mais, les petites filles arrivées, je ne suis plus pensionnaire. Dommage. Je commençais à m'habituer. (Souvenir assez confus de ces années-là. Pourquoi ma mère est-elle allée à Paris ? Pour protéger – cacher ? – sa grossesse ? Qu'est-ce qui a fait que, revenus en Algérie, ils ont quitté Constantine pour Bône-Annaba ? Par quel miracle la situation financière de la maisonnée s'est-elle soudain améliorée ?) La réponse est venue aux questions que j'ai posées, longtemps après. Mon beau-père – quel vocable inadéquat : je ne le trouvais pas beau et père encore moins ! –, spectaculaire illustration de l'ascenseur social, avait débuté comme maçon, une truelle à la main, et, après avoir franchi un palier comme cadre dans une cimenterie, il se trouvait désormais à la tête d'une entreprise de travaux publics apparemment prospère. (Deux ans plus tard, installé en France comme promoteur immobilier, à la faveur des « Trente Glorieuses », il s'emploiera à copieusement s'enrichir en bétonnant sans état d'âme une grande partie de l'ouest parisien.)

J'ai souvent pensé à lui au cours de ces vingt dernières années, lors de ces débats d'une exaspérante âpreté qui voulaient à toute force lier l'engagement politique aux origines sociales.

L'aura-t-on assez entendu de la bouche de quelques-uns de ces hérauts de la classe dominante ce fameux : « Le peuple, je connais, j'en viens. » Et alors ? Il en venait lui aussi, du peuple, le mari de ma Maman, et, du fin fond de mon enfance, je n'ai jamais observé comportement plus dur, plus implacable, plus indifférent au sort de l'autre, le subordonné, l'employé, l'ouvrier, que celui de ce nouveau riche – ancien pauvre, disait mon copain Coluche.

Une image me vient, un peu enfantine : un groupe d'aventuriers des neiges est prisonnier d'une crevasse et risque d'y perdre la vie. L'un d'eux, plus vigoureux, plus astucieux – peut-être aussi plus chanceux –, parvient à se hisser à la surface et, du même coup, à sauver sa peau. Ses compagnons d'infortune, encouragés par une telle prouesse, s'épuisent à l'imiter. Certains sont tout près d'y parvenir. On aperçoit des doigts, des mains qui s'agrippent à l'extérieur du gouffre. Le rescapé, impassible dans sa détermination, écrase à coups de talon les phalanges de ses anciens camarades et les renvoie à leur néant.

En ce printemps-été 1948, l'ambiance familiale – l'arrivée des deux fillettes n'y est évidemment pas étrangère – s'adoucit un peu. Trois enfants face à deux adultes, je me sens moins isolé. Année charnière où je passe du noir et blanc à la couleur. Dans cette vie domestique où l'on s'est ingénié à m'enfermer depuis tant d'années, mon nouvel emploi de nurse auxiliaire, loin de me déplaire, m'aère un peu. Les deux pisseuses me protègent autant que je les protège. Aimer, être aimé. Donner, recevoir. Nouveau pour moi.

Et puis Bône (Annaba, retrouvée bien après à la faveur de ce voyage télévisé offert par Mireille et Dominique), ravissante ville du bord de mer, petite sœur d'Alger la belle, dans ce mélange baroque d'Orient et d'Occident, entre villas-terrasses méditerranéennes et immeubles haussmanniens, que, délivré de mes contraintes scolaires, je sillonnais à vélo, inlassablement. Un semblant de liberté. La plage, les surprises-parties, les premiers flirts. C'est cette année-là que, pour la première fois, des regards de filles – de femmes – se sont posés sur moi, qui ne m'étaient pas hostiles. Le « petit Chinois », comme m'appelait ironiquement ma mère, ne déplaisait pas. Oubliée ma sorcière mal aimée, que j'ai fini par écarter, tard dans la vie qu'elle m'a donnée, pour me protéger de ses incivilités récurrentes et, à l'exception de quelques rares erreurs de distribution, amantes ou amies, je n'aurai plus jamais à me plaindre des femmes.

Si on me demandait une définition de l'enfer, je répondrais : un monde sans femmes. Non que chacune d'entre elles m'apparaisse comme un chef-d'œuvre de subtilité, de tendresse et de loyauté. De même que j'ai rencontré des Juifs sans humour et des Noirs qui n'avaient aucun rythme, je reconnais avoir eu, tout au long de ma vie, à me fader une appréciable quantité de connes, de folles et de salopes. Et parfois les trois à la fois.

Il y a une trentaine d'années, en pleine insurrection féministe, Benoîte Groult réclamait pour la femme « le droit d'être minable ». Reconnaissons à certaines le talent de s'en être emparé, sans avoir à livrer bataille. Compliments.

Écrivant cela, je ne crois pas être en proie à une soudaine éruption d'urticaire misogyne. Mais par nature, par culture, je ne consentirai jamais à céder à la généralisation qui veut nous dire ce que SONT les hommes, ce que SONT les femmes. TOUS les hommes, TOUTES les femmes. Fatalement inexact. Et injuste. Et imbécile. Et dangereux. Car cette connerie contient toutes les autres globalisations, dont on connaît les funestes résultats : les jeunes, les vieux, les Juifs, les Arabes, les Noirs, les Blancs, les Français, les Anglais, les Américains. Tous et toutes dans le même sac ! Bush et Michael Moore, Ben Laden et l'épicier du coin, Christine Deviers-Joncour et Françoise Sagan.

On me demande souvent, depuis si longtemps que j'arpente les territoires francophones : « Comment trouvez-vous le public belge ? » (Ou suisse, ou marseillais, ou bordelais, ou bien les gens-du-Nord-qui-ont-dans-les-yeux-le-bleu-qui-manque-à-leur-décor !) Quels Belges ? Quels Suisses ? Quels Lillois ? Quels Marseillais ? Ces questions – souvent posées par des journalistes professionnels –, je me les tartine depuis bientôt un demi-siècle et – compassion ? hypocrisie ? – je m'efforce d'y répondre avec toute la fraîcheur dont je suis encore porteur : ça dépend des gens, ça dépend des salles, la sociologie plus importante que la géographie, Jean Renoir, *La Grande Illusion*, la complicité objective – rapports de classe – entre Pierre Fresnay, l'aristo français, et Erich von Stroheim, son « cousin » allemand... Bla bla bla. J'aurais fait un très mauvais supporter de foot ou de rugby et les rapports de vestiaires – fussent-ils de tennis – me sont définitivement étrangers. Aucune solidarité de sexe avec LES hommes. Mais ces hommes-là, que je tiens à distance, qu'ils soient de la France « d'en haut » ou de celle « d'en bas », ridiculement snobs ou bien incurablement beaufs, il ne m'a pas échappé qu'ils ont généralement des femmes assez bien assorties. Allez ! On pousse tout le monde dans le loft, on éteint la lumière et on coupe les caméras. Salut à toutes et à tous.

J'aurai eu quelques amis hommes, aux chromosomes féminins – qu'ils soient homos ou hétéros – assez développés mais, quantitativement, dans le plaisir de la fréquentation, les femmes l'emportent.

La femme que j'aime, dans la vie privée comme dans la vie publique – le rire des femmes ! –, m'est aussi indispensable que le ciel et la mer.

Ma relation avec la première d'entre elles – la mère Fouettarde – s'étant révélée calamiteuse, les femmes qui auront peuplé le centre ou la périphérie de mon parcours terrestre n'auront été que consolation, rassurance et encouragement à poursuivre le voyage. Je reviens de loin.

J'écris comme si j'allais mourir demain. Mais, qu'ici ou là, on ne se réjouisse pas trop vite, je ne promets rien. Ceux qui me détestent ou que simplement j'agace et que j'imagine plantant des aiguilles dans le ventre d'une poupée à mon effigie – moi, parano ? –, je ferai tout pour les décevoir. Plus je pense à la mort, plus j'aime la vie. La mort, j'en parle – au point de quelquefois lasser mon entourage –, je la joue sur scène, pour rire, mais maintenant que me voici entré dans les années courtes, j'utilise toute mon énergie – j'en ai – à ce que nul, ni homme, ni femme, aussi proche de moi qu'il soit, n'ait, sans danger pour lui-même, le pouvoir de gâter le temps qui me reste. Pour dire les choses trivialement, on m'a trop fait chier dans ma jeunesse pour que je me laisse emmerder dans ma vieillesse. Nous n'y sommes pas mais je préviens. Seuls les enfants, petits et grands, auront encore accès à ma patience. François Mitterrand, qui ne disait pas que des bêtises – il s'est contenté d'en faire ! –, répétait souvent cet adage : « N'offense pas qui veut. » Je le lui vole. Ce monde inhumain – et ça ne semble pas devoir s'améliorer dans les heures qui s'annoncent – où le puissant écrase le misérable, où la barbarie répond à la barbarie, ce monde tellement insupportable dans ses multiples injustices qu'il pourrait pousser les individus les plus doux d'entre nous aux extrémités de l'insurrection, recèle, dans la profondeur de ses entrailles, parmi les gens « ordinaires », tous ces aimables anonymes que le hasard nous offre, des êtres extraordinairement bienveillants, généreux, attentifs à l'autre, qui ne sont ni communistes, ni trotskistes, encore moins socialistes. Non, rien en iste, ou alors, s'il le faut, je les verrais en idéalistes, en humanistes, ou peut-être même en utopistes, c'est dire s'ils sont à côté de la plaque...

J'en ai rencontré cet été, sur le plateau du Larzac, ils étaient deux ou trois cent mille – on a refusé des clients ! – et, au plus fort de la canicule, c'était bien rafraîchissant. Jeunes pour la plupart, ils étaient venus rêver avec Bové et ses amis. Bové, ce « démagogue », ce « populiste », ce « Le Pen de gauche », s'il faut en croire quelques réputés éditorialistes de la presse éclairée. N'offense pas qui veut ! On se console des uns avec les autres. Mon fils et ma fille, Nicolas et Victoria, les seuls de mes quatre enfants que j'ai véritablement élevés – mais ce sont les enfants qui parfois nous élèvent –, aussi intelligents et cultivés qu'exigeants et sensibles, sont parfois étonnés, choqués, peinés, blessés, épouvantés même, comme tant d'autres offensés de leur génération, par le méchant spectacle que leur offrent les boutiquiers qui nous dirigent. Citant Sartre, je leur dis souvent : *l'enfer, c'est les autres* – et j'ajoute : *le paradis aussi !* Oui, dans les rues des villes et des cités périphériques où je me balade quotidiennement, tous âges, tous sexes, toutes ethnies et toutes conditions mêlés, il m'arrive de croiser des anges. Le paradis est là. Même si Dieu n'existe pas.

Juin 1950. Embarqué par ma mère et son acolyte, je quitte l'Algérie. C'est l'année et le mois de mes seize ans et comme cadeau d'anniversaire, pour une surprise, c'est une surprise. Je comprends vite que nous ne partons pas en villégiature et que c'est pour toujours. *Happy birthday ! Adios muchachos ! Harabibi al-Jazä'ir !* Sous ce gouvernement familial – auquel, depuis mes premiers balbutiements, je n'aurai cessé de résister –, je suis un citoyen sans droits. Un colonisé du cœur. Ma façon à moi d'être un Algérien. Pour justifier cette soudaine et brutale émigration – on ne m'avait préparé à rien –, ils me disent qu'ils ont « senti le vent ». Décidément, eux et moi ne recevons pas le même bulletin météo. Dans mon microclimat personnel, je dois bénéficier d'un anticyclone ! Conscient, bien sûr, que ça commence à barder dans le bled – la fréquence des escarmouches entre Arabes et Français s'amplifie –, mais ce n'est pas encore le grand chambardement. Nous n'en sommes pas – ça va venir – aux slogans meurtriers du style « Feu sur le burnous ! » du côté « européen » et « La valise ou le cercueil » du côté « fellagha ».

Moi, je n'ai fait aucun mal. À personne. Aucune raison de fuir.

À seize ans, je ne suis pas très structuré politiquement, mais, décidément, les années passant, je supporte de plus en plus mal le comportement de certains de mes supposés compatriotes vis-à-vis des « indigènes » que l'on traite comme du bétail, en sous-hommes, en sous-femmes, tout juste bons pour servir de manœuvres, d'ouvriers agricoles ou de bonniches. (Je retrouverai ces mauvaises manières de « petits Blancs » au cours d'une tournée africaine, dans les années soixante-dix. La décolonisation des esprits n'a toujours pas eu lieu.)

En ce mois de juin 1950, dans la candeur de mon adolescence, je ne prends pas la mesure exacte de ce qui, malheureusement, se prépare. En bon petit soldat de la démocratie et sans doute aussi parce que, là où nous sommes, je ne suis pas confronté physiquement aux violences que l'on me rapporte – dans les campagnes et dans les bourgs, à ce que l'on dit, ça s'entre-tue joyeusement – mais, outre qu'instinctivement, je fais la part du fantasme et de la propagande, je suis de ceux qui s'obstinent à bêtement espérer que tout cela se réglera par le dialogue et la concertation. « La négociation, c'est la guerre !... » Qui a prononcé cette phrase qui claque comme un coup de cravache au visage des opprimés algériens ? François Mitterrand, ministre de l'Intérieur de l'époque, que, pas rancunier, je contribuerai à ma façon, trente et un ans plus tard, à faire élire président de la République. Quoique me voulant mécréant, je dois être un peu chrétien, dans le fond. Je crois à la rédemption. Et Mitterrand était le seul qui pouvait nous délivrer de Giscard.

Mais ceci est une autre histoire qui regarde l'Histoire. « En politique, il faut savoir choisir entre deux inconvénients », avait dit Françoise Giroud.

Pour l'heure, en ce beau matin d'été méditerranéen, je me retrouve, petit jeune homme, sur le pont du paquebot *Le Président de Cazalet*, profondément tourneboulé, au bord du vomissement, déjà, alors que le bateau est encore à quai. Cette France, cette métropole que je ne connais que par les livres et par les films, comment vais-je m'y intégrer ? « On sait ce qu'on perd, on ne sait pas ce qu'on trouve », dit la sagesse populaire. Cramponné au bastingage de ce transatlantique, je sais très bien ce que je perds. Moi. Je me perds, moi. Tout un environnement, tout un écosystème humain, minéral, végétal et climatique qui va bientôt s'effacer. Un exilé. Voilà ce que je vais être. Une personne déplacée. Un déraciné. Immigré. Forcément immigré. Dans ce que je ressens, ce jour-là, d'une incandescente intensité, il y a de l'intransmissible. Comment dire la lumière, les senteurs, le goût des figues de Barbarie, des beignets et des créponnés du cours Bertagna ? Comment exprimer sans larmoyer le vrai chagrin d'avoir à quitter les copains, tout ce melting-pot d'amis arabes, juifs, espagnols, italiens ou maltais ? Et toutes mes jolies fiancées qui ne sont même pas là pour me dire adieu – au revoir ? – en agitant leur mouchoir !... Et ceux qui me détiennent et qui m'escortent sont ceux-là mêmes qui ont si souvent pris le risque de m'inciter à m'aventurer sur un bateau noir en partance pour des rivages en aller simple...

Ne doutant pas de ma récente mais déterminée vocation d'acteur, je me console en me disant qu'à Paris, on me laissera peut-être approcher Gérard Philipe, mon idole depuis *Le Diable au corps* !

Meuglements de sirène.

C'est parti.

Durant la traversée, j'ai beaucoup vomi. Le tangage, certes, mais peut-être, également, un rien de contrariété.

Marseille. Vu du port, c'est Alger sans les Arabes. (Ils ne tarderont pas à débarquer, à la demande générale de nos gouvernements – aucun problème de papiers, en ce temps-là – pour reconstruire la France, se charger des ordures ménagères et, bien après, eux et leur descendance, servir, à leur corps défendant, d'agents électoraux à Jean-Marie Le Pen et au ravissant couple Mégret.)

« J'ai quitté mon pays... », chantait ce bon Macias, enlacé à sa guitare andalouse. Moi aussi, camarade. Et une enfance et une jeunesse qui, même bousculées, avaient connu de furtives embellies. Les tenants de l'Algérie française et tous ceux qui sont arrivés dans les bagages de l'OAS ne sont pas propriétaires de la nostalgie.

Pas grand-chose à dire sur cette étape marseillaise. J'ai vu des putes. Dans la rue. Chez nous, là-bas, on les enfermait. C'était la première fois que j'en voyais en plein air. Sinon rien. En remontant la Canebière, j'ai cherché Raimu et Fernandel. Ils devaient faire la sieste. Sinon, rien. Je me joue *L'Étranger* de Camus sans le savoir. Comme un spectateur détaché de cet épisode de sa vie. De Marseille à Vichy, où nous attendent tata Adèle et tonton Gaby, la caméra tourne mais les images n'impriment pas la pellicule. Tout est gris. Tout est flou. Heureusement qu'à Valence mon cher beau-père s'est dévoué, histoire de ne pas perdre la main, pour tabasser sa femme. Je vois un grand lit, dans la chambre d'hôtel, les jumelles – elles ont deux ans, maintenant – posées en tailleur sur la couette et ma mère qui s'affale sur les petites filles – ça pleure, ça hurle, c'est insupportable – et moi qui entre dans la danse en lui filant quelques coups de latte dans les tibias, à lui, et mes mains et mes ongles serrés sur sa gorge, pour lui montrer que je suis un homme et que c'est pour toujours. J'y repense, à cette scène, toutes les fois que je me produis à Valence, aujourd'hui que je suis un humoriste réputé.

1er janvier 2004. Sophie est morte. Avec cette rage de vivre qui la caractérisait, elle s'est bien battue, mon ancienne partenaire. Sophie morte. Pas son genre.

C'est Jean-Loup, le compagnon des bons et des mauvais jours, qui me l'a annoncé tout à l'heure. Éreinté que j'étais par le tournage d'un film de télévision, je suis à Venise où Joë, ma femme d'aujourd'hui, m'a kidnappé pour quelques jours. Ici, nous étions très à l'abri des actualités françaises. Au téléphone, Jean-Loup pleure. Moi pas. Pas encore. Chagrin sec. J'ai provisoirement épuisé mes réserves de larmes. Cette trop longue agonie n'était plus vivable. Elle est partie dans la nuit du 31 comme si elle refusait d'affronter une nouvelle année. Vingt ans qu'elle se dégradait doucement. Chorée de Huntington, funeste croisement d'Alzheimer et de myopathie. « Maladie orpheline », comme ils disent au Téléthon.

Étrangement, je suis en train d'effacer ces images d'épouvante. Qu'elle était jolie, qu'elle était craquante, qu'elle était drôle, la petite dame blonde ! De 1960 à 1974, en public, en privé, nous nous sommes appliqués à faire rimer humour avec amour. Tout ce que désormais, sans avoir à me forcer, je vais retenir. Hier, à l'instant où Sophie était sans doute en train de s'éteindre, je parlais d'elle à Joë. De notre premier voyage à Venise, pour le festival 1962, où notre film, *Dragées au poivre*, avait été invité. (Je l'ai revu en cassette cet été, ce film, avec Nicolas et Victoria, mes enfants, les enfants de Joë. Ils ont trouvé Sophie magnifique.) Flash-back sur elle, place Saint-Marc, se faisant tirer le portrait, au milieu des pigeons. Sa frimousse, dans la lumière. Je suis tellement perturbé que j'ai repris mon carnet de route, délaissé pour d'autres activités à la fin de l'été dernier. Nous rentrons à Paris après-demain.

3 janvier. Pour des raisons mystérieuses, on a déposé le corps de Sophie à l'Institut médicolégal. On me dit qu'elle est partie tranquillement pendant son sommeil et non pas en s'asphyxiant comme je le redoutais. Enterrement le vendredi 9.

12 janvier. Me voici en Corse, dans ma maison de Lumio, où je me suis réfugié, seul, avec mon chien Bonhomme, le bouvier bernois, qui m'attendait. Ce séjour de travail était prévu – je dois apprendre mon rôle dans *Sortie de scène*, la première pièce de Nicolas – mais j'ose à peine écrire que cette fuite tombait à pic. J'essaie de chasser l'image du cercueil de Sophie avançant lentement dans l'allée centrale de l'église Saint-Roch, l'autre matin. Pendant quelques secondes, j'ai imaginé tous ceux que j'aime, parmi les plus proches, qui défilaient dans cette boîte. À hurler. Heureusement, Joë était là, à côté. Et Marie-José Nat, l'amie des deux femmes. Et Alexandra et Philippe de Broca. Et même Alain Delon, la star guignolisée, derrière moi, qui, au-delà de tout ce qui nous sépare, me veut du bien et pose une main fraternelle sur mon épaule. Oui, Delon, que j'ai si souvent malmené sur scène. La vie n'est pas simple. Hier, au téléphone, il me racontait le tournage de son premier film, avec Sophie. Il se souvenait même des répliques de certaines scènes, tournées il y a quarante ans. Son aspect ancien d'Indo devrait m'exaspérer, moi, le déserteur de la guerre d'Algérie, et paradoxalement il y a une fêlure chez ce type qui m'émeut. Il a la mort sur lui. Il l'attend. Il la veut. Ça me touche. C'est ainsi.

Côté show-business, ça ne se bousculait pas, vendredi, à Saint-Roch et au Père-Lachaise. Je tairai le nom de tous ces amis-admirateurs de la Sophie des belles années qui auraient dû être là, que j'espérais, et qui ont séché la cérémonie. Et pourtant, sous le porche de l'église, nous n'étions pas en manque de photographes et de cameramen. C'était Cannes !

Par courrier ou sur mon répondeur téléphonique, beaucoup de témoignages étonnants de vraie sympathie. Dans la rue, des passants m'abordent pour me présenter leurs condoléances. Oui, elle est partie, Sophie. Pour toujours. Et si j'en crois certains propos, certains regards, il serait naturel que je ne tarde pas trop à la rejoindre au paradis des clowns. Je fais d'abord une étape en Corse.

Pour le superbe personnage de vieux dramaturge libertaire et misanthrope – émouvant et drôle – que Nicolas m'a offert dans sa pièce, je laisse pousser ma barbe. Au retour, le 20, on va croire qu'afin d'afficher mon deuil, je me suis converti au judaïsme.

Arrête de rire, Sophie !

9 avril 2004. Ce soir, dernière de la série de représentations de *Sortie de scène* au théâtre national de Nice.

Moi, à Nice, créant, en tête d'affiche, la pièce de mon fils, l'histoire est assez plaisante. C'est à Daniel Benoin, l'actuel directeur du théâtre (il a mis la pièce en scène et m'avait déjà programmé dans mon spectacle en solo la saison dernière) que je dois d'avoir eu le droit de poser à nouveau le pied dans cette ville. Depuis plus de vingt ans, j'y étais interdit de séjour par Jacques Médecin, le défunt maire, peu sensible à mon style d'humour... Et Peyrat, son successeur, bien que transfuge du FN, mais à ce qu'on me dit moins sectaire, avait mollement suivi. Jusqu'ici, pour rencontrer les Niçois, je devais demander l'asile politique à Cannes. Deux mois que, quotidiennement, de l'hôtel au théâtre, pour me rendre aux répétitions, mon manuscrit à la main, je travelingue dans les ruelles de ce vieux Nice, cette petite Italie que je retrouve avec délice, affectueusement salué par les autochtones, déjeunant, dînant avec mes camarades de travail – et même parfois avec ma tribu – aux terrasses des bistrots du cours Saleya. À quelques mètres, l'immeuble ocre jaune où vécut Matisse. Je savoure. D'autant que, passé les prévisibles angoisses de la préparation – deux peaux à défendre –, *Sortie de scène* est un vrai succès pour l'auteur et son père. Salle bondée chaque soir qui réagit au-delà de ce que nous espérions. Entre férocité, humour et tendresse humaine, tout ce que Nicolas a mis dans sa partition passe magnifiquement. Encourageant pour la suite. Une quinzaine de villes, encore, d'ici la fin mai. Et puis Paris, à la rentrée. *Mektoub !*

Après ces quelques mois de grossesse artistique, l'enfant mis au monde, je reprends mes travaux d'aiguille. Mais je m'emmêle un peu dans mon tricot. Où en étais-je de mon passionnant récit ? M'y retrouver. Me retrouver. Embusqué derrière mon rôle au théâtre, je renonce à commenter, aussi terrible soit-elle, l'actualité du monde. Revue de presse privée. Faire du drôle avec du triste – mon credo –, ce sera pour une autre fois, à l'Olympia ou ailleurs. Je me replie sur ma grinçante comédie. À sa façon, en filigrane, sans les mots – gauche, droite –, sans les noms – Chirac, Raffarin, Sarkozy, Jospin, Fabius, Hollande et les autres –, Nicolas, fondamentalement politique, a déjà tout mis dans sa pièce. Contrairement à ce qui est communément admis, je crois, moi, qu'on n'entre pas dans la peau d'un personnage, c'est lui qui, sournoisement, se glisse en vous. J'en avais eu l'irréfutable preuve, il y a dix ans, lorsque j'incarnais le clone d'Adolf Hitler dans *La Résistible Ascension d'Arturo Ui*... Autour de la cinquantième représentation, j'avais dû appeler au secours un ami ostéopathe pour soigner mon bras droit ankylosé qui, dans une très singulière – et bien douloureuse – illustration de la distanciation brechtienne, se refusait obstinément à singer le salut nazi ! Où va se nicher l'esprit de résistance !

Je renonce donc à me prononcer ici sur le numéro de clowns tragiques Sharon-Bush, le bordel irakien, les métastases du terrorisme international, le « raz de marée » rose des dernières élections régionales en France – la gauche et la droite d'en haut en encéphalogramme plat –, d'autres s'y collent, avec plus ou moins de bonheur et de talent. N'ayant pas, pour autant, fait vœu de chasteté citoyenne, j'ai voté. À présent, je choisis de m'isoler dans mon isoloir. Et de repasser au passé.

Une chambre d'hôtel à Valence. Rixe entre ma mère et son homme avec, pour seuls témoins, mes petites sœurs et moi. Nous sommes donc en 1950 et je viens d'avoir seize ans. En émigrants de luxe, à bord de la Delahaye décapotable gris métallisé récemment acquise par notre aimable chef de famille, du sud au nord, de Marseille à Paris, nous remontons la nationale 7 avec, pour le petit jeune homme, envahissante, la sensation chronique d'un avenir énigmatique. Que va-t-on faire de moi ? Où va-t-on crécher ? Dans quel bahut serai-je enfermé ? Quelle tête auront mes profs et ceux que je ne parviens pas encore à imaginer comme de futurs copains ?

Nous avons fait un crochet par Vichy. Pour ces fervents pétainistes, autant dire Lourdes. (Il y a peu, quand nous nous voyions encore, ma mère se baladait avec une photo du Maréchal dans son sac.) Rien de bien spectaculaire dans ce que j'ai retenu de ce séjour vichyssois. Je me suis baigné dans l'Allier. C'était froid. Yvette Chauviré à l'opéra municipal, dans *Le Lac des cygnes*. On la disait déjà vieille. Il se murmurait aussi, dans l'entourage immédiat, que mon oncle Gabriel, bien que second flûtiste, était meilleur que le premier – un intrigant –, Jean-Pierre Rampal.

Un été en Auvergne...

En août de cette année-là, arrivés à Paris, nous habitons un joli petit hôtel de l'avenue Victor-Hugo, à quelques mètres de la place de l'Étoile. Au bout des Champs-Élysées, la Concorde.

Paris, donc.

Tout près de l'hôtel, la rue Lauriston, où je vais traîner pour repérer la maison d'hôtes avec salles de bains tenue par les célèbres Bony et Lafont pendant l'Occupation. Comment savais-je que des Juifs, des résistants – et peut-être même des Juifs résistants – avaient été soumis là à des séances de thalassothérapie un rien particulières ?

Je savais.

Bien qu'à seulement quelques heures du front de Tunisie, dans ma petite ville de Souk-Ahras – j'ai tout de même connu les bombardements, les alertes, les sirènes, les caves –, on m'avait soigneusement tenu à l'abri de toute information sur la réalité du quotidien français pendant l'invasion vert-de-gris. Les fiers Teutons, les Boches, les Chleuhs, les Frisés, les Fritz, les Fridolins, je ne les ai connus que bien après, par le cinéma, les livres et les documents. Les seuls militaires allemands que j'ai approchés arrivaient chez nous en prisonniers, entassés dans des camions, et n'avaient plus de lacets à leurs godasses.

À la maison, la tendance était de les trouver émouvants. Et leur situation bien cruelle. Auschwitz, Dachau, Ravensbrück, la collaboration, la résistance, *Nuit et Brouillard*, *Le Chagrin et la Pitié*, *Shoah*, *Les Violons du bal* (de mon tendre ami-frère Michel Drach), et cette culture des années brunes transmise par tradition orale, Anne Frank et Primo Levi, il m'a fallu attendre longtemps pour y avoir accès. L'idée même de génocide m'était inconnue. Mais pour la rue Lauriston, à seize ans, je savais. Je ne sais pas comment mais je savais. Une fuite, sans doute, venue d'un enseignant bolchevique infiltré dans l'école de la République.

Automne 1950. Nous voici installés à Rueil-Malmaison dans une grande maison à étages au milieu d'un parc immense. Moche, la maison. Triste. Maison de maître. Nouveau, ça, pour moi, « maison de maître »... Là-bas, aux colonies, en matière d'habitation, selon la nationalité et la condition sociale, on allait de la villa au gourbi, mais pour un Français aisé, « maison de maître », ç'aurait fait un peu pléonasme. Maîtres, on l'était, à l'évidence. Et pas seulement à la maison. Dans sa maison de maître, ma mère, privée de ses Mauresques, s'habituera très vite à utiliser les services de domestiques européens, généralement des couples, venus de Bretagne, de Normandie, d'Espagne ou du Portugal, la femme à la cuisine, le mari au jardin et à la salle à manger, qu'on appelle du pied, sonnette sous la table. Pour un garçon de ma sensibilité naturelle – inutile de ressusciter Karl Marx pour ça –, toute cette mascarade est vécue comme une humiliation. De seize à dix-neuf ans (où je quitterai définitivement le domicile familial pour aller m'aérer en banlieue est et rejoindre avec enthousiasme une petite amie aussi désargentée que moi dans un baraquement de l'abbé Pierre), j'en aurai dézingué, des sonnettes !

Où je découvre le racisme social – les Français parlent aux Français ! – et, au-delà de toute notion ethnique ou religieuse, ce que j'ose appeler, venant d'où je viens, la bougnoulisation d'une classe par une autre. Furieusement de gauche, n'est-il pas vrai ? Oui. (Cela dit, elle me plaisait beaucoup, cette jeune personne, elle aurait habité une chambre de bonne à Neuilly ou dans le septième arrondissement, j'y fonçais aussi !)

Ça n'allait décidément pas fort, du côté de Rueil !

Combien de temps exactement ai-je vécu dans cette lugubre baraque ? Très vite, on m'a envoyé comme pensionnaire au lycée de Saint-Germain-en-Laye. Ça ne m'a que très moyennement affecté. La pension, je connaissais. Seule surprise : ce voisin de dortoir, épileptique, qui venait, à chaque crise, presque chaque nuit, se cogner dans mon petit lit métallique avant de s'affaler au sol en couinant, dans ses baveuses convulsions. Légèrement perturbant, à la longue. Je me demandais parfois, en futur théâtreux que j'étais, si ce con-là n'en rajoutait pas un peu pour me foutre les chocottes. La traversée de ma singulière existence, dans ce qu'elle aura charrié de turbulences, m'a de plus en plus convaincu que se réfugier dans la fiction peut nous aider à supporter l'insupportable du réel. Plaisanterie, humour, blague, déconnage, pour moi seuls antidotes contre la peur, l'angoisse, le chagrin qui, fatalement, tout au long du voyage, s'emparent de nous. (Je pense à ces trains fantômes des foires de l'ancien temps – est-ce que ça existe encore ? – dans lesquels nous grimpions, entre fous rires et trouillomètre à zéro.)

À Rueil, une jeune femme – la fille du maître des lieux – est morte, dans la chambre du haut. Dédée, vingt-six ans. Ma mère qui, pour ce qui est des moments forts de la vie et de la mort, a toujours été très performante, l'avait recueillie chez nous depuis des mois pour qu'elle soit moins seule dans les ultimes instants de sa courte vie. Leucémie. C'est moi qui l'ai découverte, un matin où je me trouvais là, nue sur son lit, comme sculptée dans les contorsions d'une agonie qu'on devinait batailleuse. J'ai récupéré la chambre.

La maîtresse des lieux a jugé utile de m'informer très vite qu'en fait de veillée funèbre son conjoint lui avait imposé un coït, le cadavre de sa fille au-dessus de sa tête. « Chez ces gens-là, monsieur... », chantait Brel.

Lumio, 21 mai 2004. Pendant que je suis en train de déballer mon « misérable tas de petits secrets » – dixit André Malraux, je crois –, la vie continue. La mort aussi. Bonhomme, mon grand, mon beau, mon bon Bonhomme, mon compagnon des jours de blues, le chien de ma vie depuis onze ans, ne passera pas l'été. On nous propose une chimiothérapie, pour le prolonger de quelques mois. Nous nous contenterons de la cortisone qui semble provisoirement le préserver du pire. À le voir déambuler dans la maison, sur la lande ou sur la plage, de cette démarche si particulière aux bouviers bernois, il a l'élégance de se ressembler. On nous a certifié qu'il ne souffrait pas physiquement et lui – du moins le croit-on – ne sait pas qu'il va mourir. Pour un peu je l'envierais. Lui parti, nous n'aurons plus jamais de chien.

Et après concertation familiale, il est probable

que nous bazarderons cette maison du bord de l'eau que nous avons tant aimée mais qui était aussi devenue la sienne.

Je n'ai jamais sombré dans ce travers : « Plus je connais les hommes, plus j'aime mon chien » – je l'abandonne volontiers à cette trépanée de Brigitte Bardot –, mais je connais quelques détestables bipèdes que j'étranglerais sans états d'âme si un sorcier digne de foi m'assurait que cet acte sacrificiel peut sauver la vie de mon clébard. À la seconde où j'écris ce que j'écris, mon chagrin est profond (je le partage heureusement, chacun dans son registre, avec Joë, Nicolas et Victoria – Bonhomme étant, à sa place, le cinquième membre du club). Et j'ai un bras d'honneur tout prêt pour celles et ceux que l'apparente ingénuité de mes propos pourrait inciter au ricanement. Je suis de ces hommes qui pleurent. Il y a si peu d'êtres que j'aime, qu'ils appartiennent au genre humain ou animal – pour les chiens aussi, j'ai mes têtes –, que je ne me résignerai jamais à les perdre. Le temps passant, les deuils s'accumulent. Il y a quelques semaines, c'était Nougaro qui se faisait la malle. Claude, mon cher Claude, à qui j'avais dédié un pastiche dont il aurait pu écrire le texte. Mes morts. En traversant Paris, en voiture, en taxi ou à pied, je les vois, je les croise, tous, au coin d'une rue, sous des arcades, assis sur un banc, des hommes, des femmes, des garçons, des filles, mes amis, mes amours qui m'attendent, qui me sourient, qui m'interpellent, comme dans ce vieux film de Marcel Pagliero, écrit par Sartre, où se frôlaient constamment les vivants et les morts.

Le spectacle continue.

Le 26, dernière représentation en tournée de *Sortie de scène*, au théâtre d'Avignon. Et puis nous irons passer quelques jours, Joë et moi, dans la maison de ma sœur Martine, à Saint-Rémy-de-Provence.

Martine. La jumelle qui me reste. Elle nous a bien fait peur, celle-là aussi, la semaine dernière. Troubles respiratoires, analyses, radios, scanner, biopsie. Le sale mot de cancer commençait à circuler. Et puis non, aux dernières nouvelles, fausse alerte, bénin, pas malin. Pas maligne non plus la pneumologue arlésienne qui nous a glacé un poumon pendant quelques jours. Quand celle que Joë appelle la miraculée, ma tendre sœurette, m'a rassuré au téléphone, j'ai encore pleuré. De joie. Je commence à verser dans l'incontinence lacrymale, moi !

Mercredi soir, après le spectacle, nous allons fêter ça. La vie.

Automne 1950. La France. La mère patrie. Je l'ai déjà dit, écrit, ailleurs, souvent, mais la vérité n'est pas divisible et, indéniablement, pour le jeune bâtard immigré, ça ne se présentait pas bien, l'intégration. Le ciel, d'abord, à partir de septembre. Comme un drap gris jeté sur nos yeux. Un demi-siècle après, je ne m'y fais toujours pas. Certains jours, je le boude, ce ciel en demi-deuil, en lui tournant le dos, à l'heure du petit-déjeuner. Et encore aujourd'hui, en bon saltimbanque, j'ai le choix de me coucher tard, de me lever tard. À seize ans, mon seul théâtre était le lycée Marcel-Roby de Saint-Germain-en-Laye et, de Rueil, pour m'y rendre, il me fallait grimper dans un méchant train de nuit du petit matin qui contrastait désagréablement avec l'éblouissante balade à bicyclette en bord de mer que, là-bas d'où je venais, je m'offrais quotidiennement pour aller au bahut. En Algérie, j'étais malheureux, très malheureux, certes, on m'emmerdait beaucoup dans mon quotidien domestique, mais moi, je ne m'emmerdais jamais. Passé le portail de la villa parentale, c'était la grande évasion. On dit de ce qui s'écrit, se filme, se joue : « Tous les genres sont bons, excepté le genre ennuyeux. » Ce qui est vrai pour la fiction l'est aussi pour la réalité. Jusqu'ici, on s'était ingénié à me faire saigner l'âme et la peau, mais là, dans cette périphérie parisienne, je me sentais doucement glisser dans une momification d'ennui mortel.

(Petite parenthèse amusante. Je viens de faire une pause, car écrire sur l'ennui m'ennuie. Pour me distraire, je feuillette *Charlie Hebdo*, l'un de mes journaux familiers, et je tombe sur la chronique de Polac qui nous parle du livre *Mémoires d'une fripouille* de George Sanders, grand acteur anglais que j'admirais – notamment dans *Voyage en Italie* de Rossellini, avec Ingrid Bergman. En même temps que l'existence de ce bouquin, j'apprends que Sanders, qui promenait depuis longtemps, de film en film, une élégante mélancolie, s'est suicidé en 1972 dans un hôtel de Barcelone. Il avait laissé un mot d'adieu : « Je m'en vais parce que je m'ennuie. Je vous abandonne à vos soucis dans cette charmante fosse d'aisances. Bon courage. » Il avait soixante-cinq ans, moi seulement seize dans le moment que je suis en train d'évoquer, mais, sans me vanter, j'aurais pu ET me foutre en l'air – je ne pensais qu'à ça – ET prendre congé dans un style plus ou moins similaire.)

J'ai été sauvé de la mort par la maladie.

Une forte dépression, sans doute, aux allures biologiquement inquiétantes.

Comme on dit en français moderne, je somatisais grave.

J'en avais marre de tout : de mes parents, du lycée, de la vie...

J'en avais marre de moi.

De moi comme ça.

Le médecin d'un dispensaire de la rue des Poissonniers – ma tante Adèle, affolée par mon amaigrissement et des analyses sanguines relativement anxiogènes, m'avait recueilli chez elle, dans le dix-huitième arrondissement, en l'absence de sa sœur et de son beau-frère, retournés en Algérie pour finir de régler leurs affaires –, ce médecin généraliste dont, ingrat que je suis, je ne me souviens même pas du visage alors qu'il aura été décisif dans la suite de mon histoire, par de subtiles auscultations physiques et psychiques, a su identifier le mal qui me rongeait dangereusement : vocation artistique.

J'ai donc fait du théâtre sur ordonnance médicale.

À dix-sept ans, j'étais reçu au Centre d'art dramatique de la rue Blanche.

À dix-sept ans et demi, je mettais en scène et je jouais le rôle principal d'*Arlequin poli par l'amour* de Marivaux, pour la petite salle de l'école. Premier maquillage, premier bonheur de me frotter au talent des autres, le trac et les émotions partagées, le frémissement d'un jeune public, les premiers rires, les premiers applaudissements en récompense, de l'affection, de l'amour peut-être...

Guéri.

C'était un centre d'apprentissage qui relevait de l'enseignement technique. Notre public, celui qui assistait à nos représentations classiques de l'après-midi, était constitué de futurs menuisiers, charpentiers, mécaniciens, commis de restauration et d'hôtellerie...

Public populaire.

Du Vilar sans le savoir.

L'amusant est que cette école était dirigée par des sociétaires de la Comédie-Française, fondamentalement réactionnaires, pour qui les extraterrestres qui venaient de créer le TNP, Jean Vilar, Gérard Philipe et les autres, étaient des diables rouges directement issus de l'école de Moscou dont il était urgent de nous interdire la fréquentation.

Pour voir *Lorenzaccio*, *Dom Juan* ou *Le Prince de Hombourg*, j'allais à Chaillot comme on va au bordel, en rasant les murs.

Ça ne m'empêchait pas de me régaler à *La*

Double Inconstance, de mon cher Marivaux, ou au *Dindon*, de Feydeau, joué par Robert Hirsch au Théâtre-Français.

Dérisoires guerres de religion ! C'est si vrai que dans ce rôle d'Arturo Ui (que j'ai joué moi-même longtemps après eux), Vilar et Hirsch, chacun dans son style et à quelques années de distance – l'un purement brechtien, l'autre plutôt chaplinesque –, y ont été magnifiques.

Ils n'avaient pas été nourris au même catéchisme – et moi, le « comique » de music-hall, qui leur ai succédé le cœur tordu de trac, encore moins – mais, l'ayant lu dans les modes d'emploi de son œuvre qu'il nous a laissés, je suis certain que Brecht, beaucoup plus libre et tolérant que les grands prêtres de son Église voudraient nous le faire croire, lui, le maître du jeu, aussi différentes qu'aient été les trois interprétations, en aurait été plutôt satisfait.

Mais j'anticipe. Au point où j'en suis de la chronologie de mon récit, je suis encore à l'école de la rue Blanche, je n'ai pas tout à fait dix-huit ans et, pour gagner quelques sous – mes parents m'ont plus ou moins coupé les vivres –, il m'arrive de faire de la figuration dans Sophocle, Shakespeare ou Victorien Sardou, salle Richelieu, la maison mère.

Tiens, maison mère. Mère. Ma mère. Nous y revoici. Pas fait exprès.

Elle avait accepté, à condition de ne pas en payer le prix – *bed and breakfast*, tout au plus –, l'urgence vitale que signifiait pour moi ce saut périlleux vers le théâtre mais, toujours mignonne, ne manquait pas de me poignarder la gorge – déjà bien attaquée par le doute – avec de petites phrases assassines du genre : « Beaucoup d'appelés, peu d'élus ! » Cette vacherie-là, j'ai dû l'entendre (parmi tant d'autres : trop petit, trop moche, mauvaise voix) cent fois, mille fois. On dit beaucoup qu'au moment d'un accident de voiture, des fragments de ce que l'on a vécu, vu, entendu, remontent au cerveau, quelques secondes avant le choc. Eh bien c'est un peu ça, ce livre – ce qui pourrait ressembler à un livre –, dans toute sa vanité. Pour des raisons intransmissibles – âge ? lassitude existentielle ? –, quelque chose me dit que je vais bientôt perdre le contrôle de mon véhicule – ne sachant pas conduire, je ne m'attarderai pas très longtemps dans cette métaphore automobile un peu hasardeuse, c'est promis ! – mais tout de même, je sens la fatalité du platane, du mur ou du ravin qui m'attend et, oui, ça remonte, ça remonte...

Elle n'a jamais désarmé, la vieille. En 1989, alors que je remplissais depuis plusieurs semaines le Zénith de Paris, imprévisiblement, elle me demande :

« Comment se fait-il que les gens ne t'aiment pas ?

– Mais, Maman, il y a quatre mille cinq cents personnes qui viennent me voir, qui se bidonnent et qui m'applaudissent tous les soirs...

– Oh ! oui, je vois bien le genre de gens que tu ramasses ! »

(Elle ne dit pas la racaille, les Arabes et les Nègres, mais elle le pense à tue-tête.)

Moi :

« Ça, je suppose que les flics et les fachos que tu vois ne doivent pas m'adorer ! Si tu veux avoir des compliments sur moi, change de fréquentations ! »

J'aime beaucoup cette phrase de Woody Allen : « *La vie est une maladie mortelle sexuellement transmissible.* »

Prends ton temps mais, s'il te plaît, pour une fois, sois gentille, Maman, meurs avant moi !

En arrivant en France à seize ans, je n'avais jamais vu une pièce de théâtre. Entraîné par mes parents – sans doute en panne de baby-sitter –, j'avais eu droit, très tôt, à la salle de jeu d'un petit casino sur les hauteurs de Bône-Annaba, au night-club de la piscine de Sidi M'Sid, près de Constantine, où ma libido naissante mais déjà nucléaire se délectait des déhanchements lascifs de la chanteuse d'orchestre, mais de théâtre point. Comme tout enfant scolarisé, on m'avait vaguement enseigné des morceaux choisis de Molière, Racine et Corneille, mais le spectacle vivant avec acteurs disant, à haute voix, un texte appris par cœur face à des gens qui ont payé pour ça m'était aussi étranger qu'une cérémonie vaudoue en Polynésie.

Le dépucelage théâtral eut lieu dans un cinéma crasseux de Saint-Germain-en-Laye, lors d'une matinée classique destinée aux élèves du lycée Marcel-Roby. On y donnait *Britannicus*. Jamais le mot « dramatique » accolé au mot « art » ne fut aussi justifié que cet après-midi-là, dans le double sens qu'on lui a toujours prêté du côté des profanes. Dramatique, ça l'était. Avant les trois coups, le doyen de la troupe, Antoine Balpétré, imposant de tranquille autorité, passa devant le rideau pour nous avertir que si, comme à la dernière représentation de l'année précédente, il surprenait la moindre moquerie, bruit de bouche, claquement de langue, sifflet, commentaire désobligeant et, *a fortiori*, jets de boulettes, avions de papier ou autre projectile à tendance métallique pouvant nuire au bon déroulement du spectacle, ce serait immédiatement sanctionné par un arrêt définitif des représentations à Saint-Germain-en-Laye. Bienvenue dans la roulotte !

On éteint la salle. Le rideau s'ouvre sur un décor minimaliste. Le public de jeunes cons, impressionné par l'algarade que le vieux barbu vient de lui asséner, se tient à carreau. Le début de la pièce se passe sans incident – tout juste un silence renfrogné – quand soudain apparaît Britannicus. Aucun acteur comique au monde ne peut rêver, dès son entrée en scène, sans même avoir prononcé une syllabe, obtenir un tel triomphe dans une parodie de tragédie. Moi, le petit comédien en germe, j'étais pétrifié dans mon fauteuil. Il faut dire que le malheureux garçon, dans le burlesque involontaire, avait, comme on dit chez nous, « foutu le paquet ». Une silhouette anorexique, des jambes de marbre blanc en camaïeu avec sa minijupe ivoire à l'antique, un brushing noir jais récemment permanenté au BaByliss, une démarche chaloupée auprès de laquelle les mannequins de Jean-Paul Gaultier passeraient pour des sosies de Gérard Lanvin...

Du Mel Brooks.

La salle est en liesse.

Rideau.

Devenu jeune comédien professionnel, même pour de beaux rôles et mes finances au plus bas, je n'ai jamais accepté de participer à des matinées scolaires.

Dans cette école de la rue Blanche, j'ai mis les bouchées doubles en me goinfrant de Molière, Marivaux, Musset, Shakespeare, Beaumarchais, tous des rebelles, qui m'ont fortifié dans la perception qu'intuitivement j'avais déjà de la tragi-comédie humaine. Les intermittences du cœur, la violence du pouvoir, la résistance par l'insolence et par le rire, une certaine vision du monde qu'il allait me falloir affronter, ce sont eux, mes véritables professeurs d'éducation sentimentale et de sciences politiques, qui, pour toujours, ont forgé l'homme que je suis devenu. Alceste, Arlequin, Lorenzo, Hamlet, Figaro et les autres, malgré les « relectures » et les « revisites » qu'en ont fait, depuis, certains petits notables culturels, ne se démoderont jamais. N'est pas Visconti, Strelher, Brook ou Chéreau qui le décide. Ces nains castrés de la création – tous auteurs frustrés – voudraient danser sur pointes au sommet de la statue de géants morts. Que n'ont-ils la modestie, lorsqu'ils abordent les grands textes, de s'en tenir au rôle de régisseur, si bien défini par Vilar. Il ne passait pas pour être particulièrement conservateur, mais l'idée ne lui est jamais venue de faire jouer *Le Cid* en string et en débardeur !

De quoi je me mêle ? À cette question que je me pose à moi-même, j'ai déjà répondu sur scène, s'agissant d'autres sujets : « Je me mêle de ce que je regarde ! » Et de ce que j'entends, parfois, en spectateur et en témoin.

Dans la salle de montage où défilent les séquences de ma jeune carrière, j'appuie sur le bouton d'accélération pour me retrouver à vingt ans, au théâtre de la Renaissance (pour moi, le théâtre de la Naissance !), à Paris, dans un personnage très rigolo de *Monsieur chasse* de ce fou furieux de Feydeau. C'est la félicité. Je fais ce qu'il me plaît, le public s'esclaffe à chacune de mes répliques et on me paie pour ça. (Pardon pour cette approche très « libéralisme économique » mais ce qui distingue le professionnel de l'élève ou de l'amateur, c'est le cachet qu'il perçoit à la fin du mois.)

Et j'habite en ville.

Seul.

Ouf !

Modeste logis : une chambre sur cour avec sanitaires et baignoire sabot. Ça tient plus de la loge de concierge que de la garçonnière. Il arrive que des coursiers se trompent et déposent des plis et des colis devant ma porte vitrée. Je grimpe gentiment dans les étages pour les distribuer. On me propose même parfois quelques pourboires. Que j'accepte. Pour jouer Feydeau, j'ai signé un contrat à tarif étudiant et on n'avait pas encore inventé les Assedic.

Après quelques mois passés dans le bidonville de Pontault-Combault avec ma fiancée du moment, ce studio, c'est Eden Roc !

Retour en arrière vers la « maison de maître », l'année d'avant.

Cruella a encore frappé.

Je faisais encore de la figuration au Français et, ce soir-là, en émergeant du troisième sous-sol où l'on maintenait les soutiers de la création subventionnée que nous étions, je m'étais un peu détendu avec mes camarades dans un bistrot du Palais-Royal. Mon dernier train raté à la gare Saint-Lazare, un copain se dévoue pour me ramener à Rueil en scooter. Et là, surprise, la clé qu'on me laisse habituellement sous le paillasson a été retirée. Je flaire immédiatement la mesure de rétorsion. Pour « marquer le coup », on a voulu sanctionner mon retard. Debout depuis sept heures pour aller au cours, je suis hébété de fatigue et de froid – nous sommes en février, et le thermomètre doit être bloqué à moins dix –, que faire ? Dans une famille normale, je sonnerais, je frapperais à coups de poing, de pied dans la porte, mais nous ne sommes pas une famille normale. En sautillant bêtement sur la pelouse givrée, je me donne de grandes claques sur le torse et les épaules pour tenter de me réchauffer.

Vers deux heures du matin, une main soulève le rideau de lin de la salle de bains du premier étage et, de loin, j'aperçois le visage de ma mère, la femme qui m'a donné le jour, observer en souriant d'aise son enfant grelotter dans la nuit.

C'est Anita, la gentille caméristе-cuisinière espagnole, qui me découvre à l'aube dans le garage où je me suis réfugié, évanoui plus qu'endormi sur la banquette arrière de la décapotable de mon beau-père.

En me soutenant de peur que je ne m'écroule, elle m'aide à rejoindre ma chambre.

Deux heures plus tard, après avoir jeté dans un grand sac quelques vêtements et surtout les livres, les dictionnaires et aussi la reproduction d'un jeune Arlequin de Picasso auxquels je tiens, je quitte définitivement et sans l'ombre d'un regret cette demeure inhospitalière.

Dehors, il neige. Je suis bien.

La première fois que je me suis marié, je jouais dans un vaudeville intitulé : *Le mari ne compte pas*. Prémonitoire. Et drôle. Dans tous les cas, plus drôle que ce chef-d'œuvre dont j'ai oublié le nom de l'auteur mais qui n'était pas Feydeau.

Pour les acteurs, théâtre alimentaire.

Pour le public, théâtre digestif.

J'ai vite compris que ce n'était pas pour moi.

Karen. Ma première femme. Elle non plus n'était pas pour moi. Si jeunes, tous les deux. Leslie est née en 1957, j'avais vingt-trois ans. Et il me restait à remplir mes obligations militaires. Dans les conditions que nous savons. Je suis sorti du fort de Vincennes dans un état d'évanescence et de paranoïa assez préoccupant. Je ne mangeais plus, je ne parlais plus, je ne riais plus, je ne sortais plus. Peur de me faire repérer par des espions de l'armée française déguisés en civils...

On a les souvenirs d'ancien combattant qu'on peut.

Ma carrière de jeune premier comique interrompue, je surveille un téléphone qui ne sonne plus. Chômeur. Et à ma mère s'est ajoutée une belle-mère cyclothymique atrocement désespérante. À elles deux, ça y va le « beaucoup d'appelés, peu d'élus » !

Leslie avait trois ans quand Karen et moi avons décidé de nous séparer.

Amis avant le mariage, nous le sommes restés après. Longtemps.

Menacée par la soixantaine, et très éprise de littérature et de cinéma américains, elle a choisi d'aller se suicider à New York.

On a dispersé ses cendres sur les rives de l'Hudson.

Je pense à elle tous les jours.

Et à Sophie.

Et à Françoise, Martine, ces fiancées d'une autre vie qui sont trop tôt passées de l'autre côté.

Cela n'injurie pas la femme que j'aime aujourd'hui, mais pour moi les amours ne se retranchent pas, elles s'additionnent.

On subit l'absence d'un être, mais on ne désaime pas pour autant.

C'est mon avis et je le partage.

Lumio, 19 juillet 2004, Bonhomme est mort. Depuis qu'il est parti hier, endormi dans la fourgonnette du vétérinaire, je le vois partout.

Tôt ce matin, je suis venu me réfugier dans mon petit bureau où je ne me souviens pas de l'avoir jamais croisé. Pas à sa taille.

Ce qu'il faut bien nommer son agonie a commencé il y a trois jours. Un crève-cœur de le voir se lever avec tant de difficulté, avancer en claudiquant jusqu'à sa pâtée qu'il refuse, lui à l'accoutumée si glouton. Et puis ce halètement de plus en plus angoissant.

Hier, pour se rafraîchir, il a réussi à se traîner jusqu'à la mer, vers six heures de l'après-midi. Son dernier bain. Immobile dans l'eau et bien plus au large que d'habitude, nous avons senti qu'il n'arriverait pas à rejoindre la plage. On aurait presque pu croire qu'il voulait s'éloigner d'une terre où plus rien de bon ne l'attendait.

Nicolas et moi le portons jusqu'à la maison – en dépit de sa maladie, il est encore très lourd – sous le regard navré des baigneurs de tous âges. Bonhomme était très populaire, ici.

Vers neuf heures du soir, le jeune véto nous confirme avec douceur et délicatesse ce qu'il nous a déjà dit au téléphone : chaque jour sera désormais – stress, sensations d'étouffement – plus terrible pour lui que le précédent. Il propose une opération en deux temps – mais la décision nous appartient –, d'abord une piqûre anesthésiante et puis le reste du travail sera fait loin de nous. Pour tout dire une euthanasie. À voix basse et des sanglots dans la gorge, la famille donne son assentiment. Après l'injection, le Dr Sévehon s'éclipse un moment pour nous laisser le temps de faire nos adieux à Bonhomme, le caresser, embrasser son museau avant la séparation définitive. Larmes, mots d'amour murmurés le nez contre sa truffe, accroupis, à tour de rôle, la joue contre ses flancs encore chauds, nous sommes en plein mélo. On pourrait nous ramener à plus de décence en évoquant les enfants qui meurent en Afghanistan, en Irak, en Palestine ou en Israël. Certes, nous en sommes bien conscients mais, là, c'est notre chien qui crève.

Au moment où il commence à s'assoupir, il

nous semble percevoir dans ses bons yeux comme un étonnement :

« Qu'est-ce qu'ils ont tous à tourner autour de moi ? »

Le regard de Bonhomme.

Du temps de sa splendeur, quand il déambulait dans les rues de Paris, Lumio ou Calvi, il pouvait rendre son sourire d'enfant à la vieille dame la plus revêche.

Hier, c'était un peu de l'enfance de mes enfants qui s'en allait avec lui.

Onze ans d'amour et de bonheur partagés, ça valait bien deux pages.

Années soixante. Les sixties comme ils disent. En m'effaçant de l'appartement du dix-septième arrondissement où mes beaux-parents m'avaient posé comme un ours en peluche dans la chambre d'enfant de ma belle et jeune épouse, je ne suis pas parti les mains vides. Un petit cahier où j'ai gribouillé des textes, monologues, dialogues à prétention humoristique dont j'espère qu'ils vont redonner des couleurs à ma vie. Les essais, les auditions pour le cinéma, la télévision, le théâtre – on n'appelait pas encore ça les castings –, je n'en peux plus. (Aujourd'hui que je suis du « bon côté », lorsqu'il faut zapper un jeune acteur, une jeune actrice d'un projet de pièce ou de film – « On vous rappellera ! » –, j'ai toujours un serrement de cœur.)

Quand la télévision ne comportait qu'une chaîne, l'ORTF, nous allions tapiner par dizaines aux studios des Buttes-Chaumont dans ce que nous appelions le « Couloir de la honte », guettant le passage d'un réalisateur, pour mendier un regard, un sourire, une vague promesse. Tuant.

J'ai souvent entendu cette phrase, généralement dans la bouche de vedettes, de stars largement rassurées : « Un acteur doit être inventé par les autres. » Tu parles ! Moi j'ai vingt-cinq ans, je me suis fixé une date butoir pour exister ou mourir, c'est décidé, je veux être l'inventeur de moi-même. D'une prétention et d'une innocence dont, même en fin de partie, je ne me suis toujours pas défait.

Pas écrivain, écrivant, comme disait Desproges. Plus tard, aussi bien à la scène qu'à l'écran, j'entrouvrirai joyeusement la porte à Dabadie, Claude Berri, Yves Robert, Michel Drach, Jérôme Savary, Daniel Benoin et bien d'autres. Et maintenant à mon propre fils, Nicolas. Dans la confiance, l'estime et l'affection réciproques. Précaution essentielle pour ne pas basculer dans un nombrilisme pathologique. Il me fallait d'abord grimper la pente. Seul. Tout est à faire.

Des humiliations, des déceptions, à mes débuts d'auteur-interprète, j'en connaîtrai d'autres.

C'était la grande époque des cabarets de Saint-Germain-des-Prés. Tous ceux qui ont compté plus tard dans l'humour et dans la chanson et dont certains deviendront mes parrains, mes marraines, mes amis : Barbara, Brel, Ferré, Devos, Perret, Yanne, etc., débuteront à L'Écluse, La Fontaine des quatre saisons, L'Échelle de Jacob, La Contrescarpe, La Galerie 55... Seul Brassens choisira Montmartre, Chez Patachou, pour traîner sa moustache, sa guitare et son tabouret.

Moi, ayant déjà frôlé, à vingt ans, Boris Vian, les frères Prévert, Jacques Dufilho, Bobby Lapointe sur la rive gauche, c'est Saint-Germain-des-Prés qui m'aimantera. L'échec le plus vertigineux, c'est pourtant dans un cabaret-restaurant de mon quartier d'élection, Le Port du Salut, que je vais le connaître. C'est là que j'ai donné la première et dernière représentation – tout du moins en ce lieu – d'un sketch inédit qui fera un tabac, quelques mois plus tard, à la fameuse Galerie 55, le temple de l'humour germanopratin.

Le Port du Salut. Plus restaurant que cabaret. Un projecteur anémique braqué sur la tronche, j'avance à la limite de la syncope sur une piste exiguë censée dessiner la scène. Sur un air de fantaisie qui se veut primesautier, je commence mon numéro. Bide. Pas un rire, pas une réaction. Dans la pénombre, je scrute le public qui est supposé me faire face. Des dos. Je ne vois que des dos. Et ceux, parmi les dîneurs, dont je distingue à peine les traits, m'ignorent souverainement, persistant à papoter comme si de rien n'était avec leurs vis-à-vis. Tout le monde se fout de ce que je raconte. Tellement énorme que, pour un peu, c'est moi qui rirais. D'autant qu'à quelques centimètres, j'entends mes copains Belmondo et Marielle, venus en supporters (et qui connaissent le sketch et qui le trouvent bon), se gondoler devant l'extravagance de la situation. Plus je m'accroche – et je m'accroche – et plus le brouhaha s'amplifie. Au bout de trois minutes – le texte doit en peser six –, je finis par décrocher. Si ce n'était pas si drôle dans sa dimension surréaliste, ce serait pathétique. Impression d'ânonner « La Mort du loup » d'Alfred de Vigny dans un bar de Las Vegas devant un public de Texans. Derrière serait plus juste : les dos de ces connards ne se sont jamais retournés ! Gong ! Cette inoubliable soirée ne m'a pas empêché de jouer un autre de mes sketches avec Marielle, la saison d'après, sur le plateau de la Galerie – face au public, le vrai, cette fois-ci – et de le retrouver en 1962 avec Belmondo devenu star au générique de *Dragées au poivre*, une dizaine de mes sketches qu'avec Jacques Baratier nous avions transformés en film. Nos partenaires se nommaient Simone Signoret, Monica Vitti, Roger Vadim,

François Périer, Jean Richard, Marina Vlady, Alexandra Stewart, Jacques Dufilho, Francis Blanche, Claude Brasseur, Anna Karina, etc.

Et une blondinette qui venait de faire une entrée fracassante dans ma vie : Sophie Daumier.

Triomphe en France et aux festivals de Venise, de Londres, de New York. Je ne touchais plus terre.

Longue anecdote de vieux clown émerveillé destinée à mes jeunes et talentueux collègues « comiques » – il y en a – qui s'impatienteraient dans leur provisoire anonymat.

Courage, camarades, c'est le métier qui rentre ! Accrochez-vous !

Que le spectacle commence ! Titre français d'un film de Bob Fosse, *All That Jazz*, auquel je voue une admiration quasiment indicible. Tout ce que viscéralement je trimballe en moi depuis si longtemps : la fascination de la scène, l'amour de la vie, l'amour de l'amour, le rire et les larmes, la mort qui danse autour de nous, en belle salope qu'elle est, entre effroi et séduction, Éros et Thanatos, tout y est.

On me demande souvent pourquoi je ne fais pas plus de cinéma, comme acteur et même – pourquoi pas ? – comme auteur-réalisateur. Parce que je ne suis pas Bob Fosse. Ni John Cassavetes. Ni Woody Allen. Ni Nanni Moretti. Ni Roberto Benigni. Ni même – restons français – Jean Poiret, le partenaire de Michel Serrault, l'homme de l'irrésistible *Cage aux folles* qui, avant de disparaître, nous avait laissé un très joli film testamentaire, *Le Zèbre*, ultime cadeau fait à sa Gena Rowlands à lui, Caroline Cellier.

Tous ces types qui avaient calciné les planches et les écrans avant de trouver en eux assez d'énergie et de courage pour passer de l'autre côté de la caméra.

Le temps passe et j'ai su très tôt que je ne serais jamais Chaplin.

Je me console dans mon Guignol.

Il m'est arrivé, pour des films de cinéma ou de télévision, d'aider aux dialogues tout en y jouant un rôle principal ou secondaire, assez proche d'eux pour parler à mes partenaires, exciter leur imaginaire (ce qu'il est convenu d'appeler la « direction d'acteur »), qui échappe parfois aux metteurs en scène obnubilés par l'image (je l'ai fait pour *Dragées au poivre* et personne, même les plus grands, n'a semblé s'en plaindre), mais la grosse machine technique et financière que représente un film, où le réalisateur devient plus ou moins le comptable de la production, pas mon emploi.

Claude Berri, mon copain de jeunesse, qui m'avait – après avoir hésité entre lui et moi – abandonné son *Pistonné*, me disait naguère : « Toi, tu fais du cinéma italien, mais sur la piste du Cirque d'hiver ! »

Moins cher et c'est moi le patron.

Pourquoi est-ce que je parle de ça, soudain ?
Parce que j'en ai envie.
Mon livre est libre.
Et qu'on ne voie surtout pas, dans ce furtif accès de cafard, la moindre amertume ou quelque pleurnicherie envers un cinéma qui m'aurait négligé.
Seulement un regret.
Et aussi de la lucidité.
Je sais qui je suis mais je ne suis que qui je suis.
Pas à plaindre.
Outre *Le Pistonné*, dont je ne rougis pas, pour un « showman », j'ai eu quelques bonheurs d'acteur avec, en vrac, *Le Caporal épinglé* de Renoir, *Les Copains* d'Yves Robert et, du même, avec mon frangin Jean-Loup à la partition, *Un éléphant, ça trompe énormément*, *Nous irons tous au paradis* et d'autres, moins réussis mais que j'ai tournés sincèrement, comme *Il est génial, Papy* – quel titre ! Encore une idée de producteur ! – de mon éblouissant ami Michel Drach. Et quelques autres qui ne valent tout de même pas de gâcher du papier, même en fin d'après-midi d'un été un peu mélancolique.
Pour moi, le qualitatif a toujours prévalu sur le quantitatif. Rien de plus désolant que des films « commerciaux » qui ne marchent pas et s'ils marchent, c'est pire, j'aurais envie de

racheter toutes les copies pour m'épargner le déshonneur. (Je pense, sans les nommer, à des films récents que j'ai refusés, qui ont connu un succès phénoménal mais dans lesquels je ne me serais pas pardonné d'apparaître.)

Ne pas tourner, c'est parfois bien tourner.

Arrive un âge où, lorsque les bougies commencent à prendre plus de place que le gâteau, l'anniversaire n'est plus une fête mais une commémoration !

Déjà, pour mes quarante ans – plusieurs dizaines d'amis trinquant à ma santé dans le jardin d'une maison de vacances louée sur les hauteurs de l'arrière-pays niçois –, j'avais dû m'aliter.

Circonstances atténuantes : c'était mon premier été sans Sophie et Giscard venait de gagner les élections présidentielles.

Depuis, merci Maman, j'aurais tendance à rajeunir. La tête et les jambes, tout fonctionne au mieux et aussi bien à la scène qu'à la ville, je caracole sans trop d'effort.

Quand on me complimente :

« Vous ne faites pas votre âge. »

Je réponds :

« Oui, mais mon âge me défait. »

Coquetterie joueuse, bien sûr. Mais aussi légitime appréhension.

Reggiani, Distel... Pour les saltimbanques, été meurtrier.

Et nous ne sommes qu'en juillet.

Wait and see.

À l'approche de la date fatidique du 15 juin dernier, Joë, sentant mon humeur s'assombrir, m'a fait la surprise d'organiser en secret un séjour de quatre jours à Florence que je ne connaissais pas, histoire d'égayer un peu ce passage de ligne.

Un sans-faute. Hôtel charmant avec vue sur l'Arno et le Ponte Vecchio, promenades culturelles autour de Michel-Ange, Botticelli, Caravage et la bande... Les ombres de Dante, Machiavel, Stendhal qui hantent l'étrange cité des Médicis, et le soir du 15, cerises sur mon gâteau : trois enfants de ma vie rapiécée, Leslie, Nicolas et Victoria qui m'attendaient, attablés sous la véranda de la Villa San Michele, réjouis du tendre complot fomenté pour me plaire. À pleurer. Ce que j'ai fait. Je chiale beaucoup, cette année. Incorrigible fraîcheur d'âme ou premiers accès de sénilité ? Décidons de ne pas trancher.

J'étais bien heureux, ce soir-là. Que d'amour !

Il paraît qu'on a les enfants qu'on mérite.

(Seule manquait Mélanie, vingt-sept ans, ma

fille puînée, coincée à Paris par son boulot et qui m'attendait pour m'embrasser à l'aéroport du retour. Mon plaisir en a été renforcé car bien qu'elle soit née par hasard d'une liaison d'intérim entre mes deux mariages, j'aime Mélanie et Mélanie m'aime.)

Dans la nuit florentine qui a suivi cet inattendu festin affectif, j'ai pensé à toi, Maman. À ta solitude. Le 17 juin, ce sera aussi ton anniversaire. Oui, je sais, nous sommes Gémeaux tous les deux. C'est dire si je crois à l'astrologie ! Quelle force mauvaise t'a amenée à faire à ce point le vide autour de toi ? Tu n'es plus entourée que de mercenaires que tu payes et qui te volent. Encore tourneboulé par les cajoleries de la famille recomposée que je me suis construite, je ne parviens pas à m'endormir. Je pense à toi. Si seule. Et pour la première fois depuis longtemps, j'éprouve un sentiment – le chianti du dîner n'y est peut-être pas étranger – de compassion filiale. Comment t'y es-tu prise pour passer à côté de nous trois, tes enfants – de « lits » différents mais très liés –, qui ne demandions qu'à t'aimer ? Sylvie mourante n'a consenti à t'accepter dans sa chambre d'hôpital que quelques minutes, Martine ne t'approche plus que par devoir et en traînant les pieds...

Et moi, je me souviens de tout.

Dès mon arrivée à la maternité – drôle que ça me revienne en cette nuit d'anniversaire –, tu m'as raconté cent fois en te tordant, persuadée d'avoir atteint le fin du fin de l'esprit méditerranéen, que lorsque, selon l'usage, on t'avait présenté le bébé, tu t'étais exclamée :

« Mon Dieu qu'il est vilain, on dirait un petit Juif ! »

Ça démarrait fort. Un accueil qui pourrait inciter le nouveau-né le moins susceptible à replonger dans le placenta d'une autre !

(Depuis, j'ai fait beaucoup rire, sur scène, avec « le petit Juif », et autres saillies du même tonneau, et tu as bien aidé Dabadie à ciseler les scènes entre Marthe Villalonga, ma mère de cinéma, et moi.)

Tu es devenue un personnage très apprécié du public, Maman.

Le sais-tu ?

C'est la façon que j'ai trouvée de parler encore avec toi. Gaiement.

J'ai dit un jour, dans une interview télévisée, avec cette fausse méchanceté dont ceux qui me connaissent et me comprennent ne sont pas dupes, que tu étais interminable. C'était pour rire.

Reste encore un peu avec nous, Maman.

On s'amuse bien ensemble.

Happy birthday, my dear old mother !

Été 1974. Changement d'époque. Et de ton. La belle histoire avec Sophie est finie depuis le mois de mai de la même année. C'était gai, c'était triste. Le tandem comique, je l'ai déjà plus ou moins raconté dans un bouquin, *Je craque*, publié en 1975. Éviter de faire du carbone sur mes propres écrits.

Ce qui n'est pas dans le livre d'il y a presque trente ans, c'est la maladie mortelle dont Sophie est atteinte. Je ne l'apprendrai qu'en 1983, après des examens neurologiques auxquels, à ma demande, elle se soumettra. Mais parlons d'autre chose...

Je craque sera ce qu'il est convenu d'appeler un beau succès de librairie. Pour la première fois, je m'exprime à la première personne. Jusque-là, je m'étais toujours présenté au public embusqué derrière des personnages : le raciste de « Vacances à Marrakech », le tombeur de « La drague », le miséreux sexuel de

« Toutes des salopes », une centaine de textes de Dabadie ou de moi. Ou des deux.

Cette fois-ci, je dis JE. C'est MOI qui parle, en polémiste. Et, pour les mêmes raisons, ça plaît aux uns autant que ça déplaît aux autres. La loi du genre. Je viens, sans en avoir vraiment mesuré l'impact, de m'autoriser une intrusion tonitruante dans le bataillon des artistes et intellectuels engagés. Ce n'était pas encore considéré comme une tare.

Plutôt gratifiant. Je m'y retrouverai en excellente compagnie. (On m'a rapporté que Charles Trenet avait dit, probablement pour faire rire Jean-Jacques Debout et Chantal Goya, que les artistes engagés sont souvent ceux qui n'ont pas d'engagements ! Encore un à qui j'aurais pu répliquer, au-delà de l'admiration que je lui portais comme auteur de chansons : « Chante et tais-toi ! » Dans l'ironie réac, il est permis de préférer Desproges.)

Donc, en ce mois de mai 1974, Giscard s'installe à l'Élysée. Et ça me contrarie. Fortement. Et je le dis. Et je l'écris. Furieusement. Beaucoup plus giscardophobe que mitterrandophile, j'ai choisi de soutenir le perdant. Je n'avais pas bronché sous de Gaulle, ni sous Pompidou – personne ne m'y avait d'ailleurs invité ! –, mais Giscard, Poniatowski (ces deux-là, surtout !) m'apparaissaient, en aristos ostentatoires qu'ils étaient, comme des fossoyeurs de la République. Avec le temps et la gauche au pouvoir, j'apprendrai à tempérer mon manichéisme et à nuancer mes jugements.

Pour l'instant, c'est la droite. Et je ne vais pas tarder à m'apercevoir à quel point. Applaudi par les uns – à gauche –, dénigré et même diffamé par les autres – à droite –, je m'amuse comme un gosse à en rajouter dans les fausses improvisations politiques au bazooka, me livrant à un safari verbal dont *Je craque* aura servi, dans ce style parlé devenu le mien sur scène, de révélateur. Sournoisement censuré, maccarthysé, black-listé à la télé et à la radio, insulté dans les journaux proches du pouvoir, mais remplissant les salles d'un public de plus en plus populaire, de plus en plus jeune et spontané, j'applique allègrement le célèbre précepte de Cocteau : « Ce qu'on te reproche, cultive-le ! » Pendant sept ans, je vais m'en donner à cœur joie. Sur scène mais aussi dans la vie, entraîné notamment par deux grandes sœurs que je me suis choisies, Simone Signoret et Gisèle Halimi, je ferraillerai, à coups de pétitions ou d'opérations de commando en compagnie du trio Signoret-Montand-Halimi mais aussi de Claude Mauriac, Michel Foucault, Costa-Gavras, toute la bande des dessinateurs de l'ancien *Charlie Hebdo*, Reiser, Siné, Cabu, Wolinski et les autres, contre toutes les vilenies d'État, toutes les mauvaises façons, toutes les atteintes à la justice et à la liberté, plus ou moins hypocrites, plus ou moins totalitaires, perpétrées ici ou là contre les peuples ou des individus isolés, de Madrid à Moscou, d'Athènes à Santiago, de New York à Buenos Aires, de Pékin à Paris. Nous allions, comme disait Sartre, qui, semble-t-il, n'était pas totalement hermétique à l'autodérision, « pousser un cri ». Dans les médias qui voulaient bien nous accueillir, du *Monde* à *Libération* et au *Nouvel Observateur*, d'Anne Sinclair à Ivan Levaï ou Pierre Bouteiller, de Michel Drucker à Jacques Chancel et Bernard Pivot, qui acceptaient de nous servir de relais, sans, pour certains, et loin s'en faut, partager nos convictions. En démocrates. Ça ne se bousculait pas au siècle dernier.

Aujourd'hui, c'est bien pire. Jusque dans les rangs de ceux qui sont supposés nous être favorables, les rares « engagés » qui ont survécu ou suscité des vocations se voient traités d'ignorants, de doux rêveurs, de toutous romantiques, dans le meilleur des cas, quand ce n'est pas de populistes ou de démagos. Ou, comme m'en accusait récemment l'un de mes « amis » de la presse de gauche, d'entretenir, à coups de bons sentiments et d'humanisme gluant, mon fonds de commerce !

« *Il y a des temps où l'on ne doit dispenser le mépris qu'avec économie à cause du grand nombre de nécessiteux* », disait – je cite de mémoire d'outre-tombe – Chateaubriand.

10 mai 1981. Mitterrand élu président de la République. Dernière représentation, en matinée du dimanche – pas un hasard si j'en ai fixé le jour et l'heure –, d'un spectacle-meeting anti-Giscard que je tiens depuis mi-janvier sur la scène de Bobino et dont le rideau final tombe en même temps que le résultat de l'élection. J'avais publiquement pris le pari de ne quitter mon théâtre que si le suffrage universel obligeait celui que j'appelais le « diamantaire » à quitter le sien.

Pendant quatre mois, chaque soir, au plus fort de ma revue de presse, je m'étais agenouillé, face à un public chauffé à blanc, en le suppliant :

« Enlevez-le-moi ! Enlevez-le-moi ! »

Fait.

Giscard dira plus tard qu'il a été battu par

les forces de la dérision. Je prendrai ma part du compliment.

En ce moment, dans certaines gazettes, il est bien vu de se moquer de Michael Moore dans son combat anti-Bush.

En 1981, sans caméra et sans Palme d'or, en plus franco-français, je n'ai, à ma place et dans mon rôle, pas fait autre chose. Le soir du 10 mai, à la Bastille, la foule a même scandé des slogans inspirés par mon spectacle. Je n'ai pas demandé de droits d'auteur.

Mon confrère Coluche, lui, d'abord pour la blague, puis excité par les sondages et par son entourage, s'était un peu pris au jeu en troquant son nez rouge et sa salopette contre une virtuelle redingote présidentielle. Nous nous sommes un peu chamaillés à ce sujet. Je me fais une trop haute idée de la politique et de notre métier de satiriste, de la liberté que nous avons de « dire tout haut ce que tout le monde pense tout bas », pour avoir été jamais tenté par le mélange des genres. Chez nous, ni langue de bois ni devoir de réserve.

Le maquis, pas l'armée régulière.

À Bobino, ce soir-là, c'est la fête. Un peu avant vingt heures, on a installé des téléviseurs dans le hall pour assister à la confirmation du résultat annoncé. Beaucoup de ceux qui vont devenir ministres, secrétaires d'État, directeurs de cabinet, notables de la rue de Solférino se sont précipités rue de la Gaîté pour féliciter, remercier, embrasser l'histrion.

Ce seront les mêmes qui, parvenus au pouvoir, pinceront la bouche et me feront les gros yeux à la moindre critique, à la moindre boutade.

Rien que l'écrire me fait sourire.

C'est en pensant à eux que j'avais inventé cet aphorisme : « Ce n'est pas en crachant dans les miroirs qu'on guérit de l'eczéma. Ça les démange et ils se grattent sur la peau des autres. »

D'aucuns, qui pariaient que la victoire de la gauche allait me fermer la bouche, en seront pour leurs frais.

En janvier 1983, au théâtre du Gymnase, je proférais déjà : « Ça devient dur d'être de gauche. Surtout quand on n'est pas de droite. »

Deux hommes (que pourtant, dans leur camp, tout oppose) ne réagiront jamais médiocrement à mes insolences de vieil arlequin : François Mitterrand et Michel Rocard.

Mitterrand. On a beaucoup écrit sur lui. Trop. Et moi qui m'y mets à mon tour ! Pas le même. Le mien est dans mon histoire. Et l'histoire finit mal.

Contrairement à tous ceux qui, pour l'avoir rencontré trois fois, en ont tiré des livres de trois cents pages (on l'a même fait, dans le secret présumé du bureau de l'Élysée, dialoguer avec son Premier ministre, à croire que l'auteur se trouvait derrière un meuble ou caché sous la moquette !), je m'en tiendrai à quelques notations impressionnistes sur un homme qui, pour le meilleur et pour le pire, ne m'a jamais laissé indifférent. On a tout dit sur son intelligence, sa culture, sa présence – comme on parlerait d'un acteur – mais, au-delà de ce qui a fini par nous séparer, ce que je veux d'abord retenir de lui et que peuvent lui envier la plupart de ses dauphins potentiels, c'est un humour dont, devant moi, il ne s'est jamais départi. Vertu cardinale à mes yeux d'intégriste de cette religion-là.

Nous nous sommes beaucoup vus pendant ce double septennat. Cuirassé que j'étais par mon passé de réfractaire à la guerre d'Algérie, sachant ce que je savais de lui durant la même période – j'ai su beaucoup plus tard que je ne savais pas tout –, je l'ai d'abord laissé m'approcher avec méfiance. Et puis le légendaire charme mitterrandien agissant – il paraîtrait qu'il n'ait pas été tout à fait insensible au mien ! –, en hétérosexuels convaincus que nous étions l'un et l'autre, tout cela, purement alchimique, a fait que la double séduction a fonctionné.

Bouffon, dans l'acception shakespearienne que l'on peut avoir de ce mot, celui qui dit au roi qu'il est nu, j'en acceptais le rôle, volontiers. Il s'accordait parfaitement à ma vocation première.

Souvent convié au Château avec ma femme pour des déjeuners ou des dîners relativement familiers, je m'amusais en observant Joë, traditionnellement assise à la droite du Président, contempler avec effroi les huîtres qu'il déposait chaque fois, une à une, dans son assiette – elle déteste les huîtres, lui les adorait – et qu'elle gobait consciencieusement, en citoyenne, ses yeux verts assortis aux fines de claire fixés sur moi en doux reproche : « Tu vois ce que pour toi je me force à faire ! »...

En plus, par ses parents, elle est gaulliste !

Vraie preuve d'amour.

On ne s'ennuyait pas à l'Élysée, sous la gauche...

En incurable adolescent que j'étais – que je suis toujours –, j'y apprenais beaucoup de choses sur le fonctionnement du Meccano politique. Mitterrand avait vite compris qu'à l'inverse d'une flopée de ses courtisans, lui président, je ne me servirais jamais de propos privés pour les déverser en public. De retour chez nous, nous nous disions en riant, Joë et moi, qu'au-delà de la ventrée obligatoire de coquillages et de crustacés, il n'était pas désagréable d'être reçus par un oncle improbable dans une grande maison avec jardin au plein cœur de Paris !...

De 1983 à 1993, Mitterrand n'a raté aucun de mes spectacles. Et je ne l'ai jamais raté non plus.

Dans cette plaisante comédie que nous nous jouions l'un à l'autre, *Le Renard et le Chat*, il semble que je le distrayais un peu de la fréquentation quotidienne de quelques reptiles obligés.

Il arrivait que, dans quelque recoin de ce Versailles rose dont il était le monarque, nous nous affrontions, sans rire, sur des sujets plus graves. En pure perte. Il m'entendait mais ne m'écoutait pas. Je ne me suis jamais pris pour Victor Hugo. Et Mitterrand n'était pas Louis-Philippe.

On aura compris que si j'insiste plus que je ne le prévoyais sur ce portrait subjectif de François Mitterrand, il n'est pas seulement question de politique, mais d'un personnage hors du commun – jusque dans ses contradictions – qui, à un tournant de mon existence, a pris naturellement sa place dans le cercle sensible de mes vivants et de mes morts.

Le Rose et le Noir. Titre stendhalien que je donnerais si, à la place des mots, j'utilisais les images, au documentaire intime consacré à un homme aussi paradoxal.

Avant de nous précipiter dans le noir, accordons-nous, de grâce, quelques lignes de répit dans le rose.

Aux belles années de Canal +, je fréquentais assidûment l'émission *Nulle part ailleurs*, présentée par les irremplaçables Philippe Gildas et Antoine de Caunes. Chacun dans son style, Gildas en faux sévère, de Caunes en ludion délirant, je ne pouvais rêver – excepté Drucker, mon clown blanc préféré – meilleurs partenaires. Ce soir-là, au moment du Journal, déboule à l'antenne un reportage sur Gorbatchev, l'homme de la perestroïka, reçu en France par Mitterrand. Gorbatchev à l'Élysée,

Gorbatchev je ne sais plus où, Gorbatchev à Latche, dans le salon, dans le parc, dans la chambre qu'on lui a attribuée dans la résidence d'été de notre président... Et là, sur les séquences de l'intérieur landais – c'était le temps béni du direct –, je me surprends à balancer :

« Que c'est moche, Latche ! Il a eu raison de faire président plutôt que décorateur ! »

Gildas et de Caunes s'étouffent de rire, le public glousse et applaudit, on enchaîne...

Quelques jours passent. Dîner chez les Lang – première et dernière fois que je mettais les pieds dans leur coquet appartement de la place des Vosges – où Mitterrand est annoncé. Comme à son habitude, il arrive en retard, escorté d'Adolfo Suárez, le Premier ministre espagnol. M'apercevant, il bouscule toute l'assistance pour me rejoindre et m'interpelle :

« Alors, ça ne vous plaît pas, Latche ? »

Moi, jouant l'idiot :

« C'était peut-être les images, monsieur le Président, c'est sûrement la faute du cameraman ! »

Conscient que je me fous de lui, il élude, vaguement chiffonné, et le repas commence. Nous sommes une dizaine autour de la table – je me souviens surtout de Piccoli, épatant, comme acteur et comme personne – et la conversation tourne autour du théâtre, du cinéma, de la littérature, effleurant à peine la politique. Dessert, café, pousse-café, infusions, nous passons au salon. Et là, Mitterrand, dont je me doutais qu'il avait ruminé toute la soirée sa réponse, m'accroche le bras, me coince contre la cheminée et me lance en aparté avec une autorité légèrement surjouée :

« Pour votre punition, je vous invite à passer quelques jours à Latche, votre femme et vous, et vous dormirez dans la chambre de Gorbatchev ! »

Moi, faussement contrit :

« Là, vous êtes dur, monsieur le Président ! »

Il a souri, je crois.

L'été arrive. J'écrivais mon futur spectacle. Un après-midi, le téléphone :

« Allô, ici la présidence de la République... Je vous passe le Président. »

J'entends sa voix :

« Alors ? Vous venez quand ? »

Moi :

« Pas tout de suite. Je ne sais pas vous, mais moi, j'ai du travail, monsieur le Président ! »

À sa place, aussi sympathique que soit mon interlocuteur, je l'envoyais passer le week-end à Colombey-les-Deux-Églises !

Pour quelles raisons mystérieuses a-t-il supporté aussi longtemps ces espiègleries récurrentes – sur scène, c'était bien pire –, frisant parfois l'offense, je m'interroge encore. De toute évidence, le renard s'était pris d'affection pour le chat. Qui la lui rendait bien. Et entre animaux sauvages, n'est-ce pas...

Peut-être était-il simplement démocrate. (Il y a peu, je me trouvais avec ma petite famille dans un institut de thalassothérapie de Carthage. Des journalistes tunisiens me complimentent sur la liberté de ton de mes spectacles et de mes prestations télévisées. Je leur demande : « Si j'étais tunisien, est-ce que j'aurais le droit de brocarder Ben Ali comme je l'ai fait avec Mitterrand et aujourd'hui avec Chirac ? – Ah ! non, vous seriez en prison ! ») *No comment.*

Accablant pour Giscard et ses sbires qui ne m'ont certes pas emprisonné mais qui ont programmé ma mort artistique.

Vivant !

Comme je le dis si élégamment dans un portrait télévisé frisant la nécrologie que mes amis Riou et Pouchain viennent affectueusement de me concocter : « Le cadavre bande encore ! »

Au chapitre des libertés surveillées et sans ratiociner sur tous les bâillonnés de l'histoire du monde, du goulag soviétique au maccarthysme américain, je reviens sur l'Afrique du Nord. Mon génial camarade Fellag devant s'enfuir d'Algérie pour avoir le droit d'exercer son esprit critique sans y laisser la peau ; au Maroc – ça s'améliore sous le jeune roi, mais peut mieux faire –, même traitement pour ceux qui se risquent à parler vrai et qui finissent en cage et en grève de la faim, et en Tunisie – même turbin –, sous couvert de se protéger de l'intégrisme islamiste, on bourre les cachots de tout ce qui pourrait chatouiller le pouvoir. Voici pour le bilan globalement négatif d'un Maghreb dont toute ma vie j'aurai rêvé, sous la colonisation comme sous une indépendance encore bien douteuse, qu'il se délivre enfin. Et si on en reste aux Orientaux, la renommée des humoristes iraniens, irakiens ou saoudiens n'est pas encore parvenue jusqu'à moi. Mais je ne suis pas non plus certain que Lenny Bruce, le prince de l'humour juif, assassiné par le système américain des années cinquante, pourrait aujourd'hui donner la pleine mesure de son insoumission dans l'Israël d'Ariel Sharon !

En France, ici et maintenant, il faut porter au crédit de Mitterrand d'avoir largement ouvert les grilles de l'oral et de l'écrit dans un univers artistico-médiatique encore convalescent, la censure politique s'étant, jusqu'à nouvel ordre, effacée pour laisser place au terrorisme audimatique. (Se sont heureusement constitués quelques réseaux de résistance intérieure assez réjouissants.)

En août 1993, Joë et moi, relancés plusieurs fois dans l'hiver par notre ami élyséen, après une étape à Biarritz pour célébrer notre anniversaire de mariage, acceptons de pousser jusqu'à Latche. Il nous attendait, en hôte ordinaire, chemise à carreaux, pantalon de velours et mocassins, au bord de la clairière entourant la maison. Je le revois portant aimablement la petite valise de ma femme, en très stylé veilleur de jour. C'est à cet instant, sans en avoir jamais été averti – je ne connaissais pas le Dr Gubler –, dans l'escalier conduisant à « la chambre de Gorbatchev », à des riens, une démarche plus hésitante, un souffle plus court, que j'ai pressenti qu'il était malade. Hors du cérémonial habituel, dans la rusticité de sa mise et de l'environnement, il m'est apparu soudain tel qu'en lui-même : un vieil homme exténué au bout du chemin.

Séjour irréel.

Dîner tribal avec amis, enfants et petits-enfants (son épouse Danièle, le meilleur de ses fils, Gilbert. Nous avons échappé à l'autre, le bandit Jean-Christophe !).

La maison n'est finalement pas si laide, elle est simple. Et gentiment anachronique. Presque émouvante. Où est passé l'argent que les Montaldo et autres charognards lui attribuent ? Pas là. Pas à Latche. (Le minuscule bassin-piscine a été offert par Roger Hanin !)

Le lendemain, avant même le petit-déjeuner, je ne peux pas couper au repas des ânes,

Noisette et son fiancé, qu'il appelle de loin, paternellement, son plat de végétaux tendu vers eux – j'aime beaucoup les ânes, mais j'ai faim, moi aussi ! –, et, plus tard dans la matinée, après le bol de thé et les tartines, il est exclu de me dérober à la promenade en forêt, seul à seul avec lui, en vieux compagnons, la chienne Baltique sur nos talons. Pour un peu, je me prendrais pour Roland Dumas !

Il me demande des nouvelles de Nicolas, quatorze ans, qu'il connaît et apprécie depuis ses cinq ans, pour avoir agréablement papoté avec lui dans mes loges de théâtre, me parle de tout sauf de politique : surprises de l'amour ; *Jules et Jim*, le film de Truffaut ; Roché, l'auteur du livre ; de femmes qu'on peut aimer simultanément... Tout cela resurgira comme un puzzle mental lorsque sa fille Mazarine, dont j'ignorais jusqu'à la naissance, apparaîtra, dans la splendeur de son adolescence, photographiée avec son père en couverture de *Paris Match*. Quel homme !

Les arbres. Mitterrand et les arbres. J'ai compris depuis, en feuilletant Giesbert et Benamou, que nul visiteur qu'il voulait – ou feignait de vouloir – honorer ne pouvait échapper à ce parcours sylvestre.

Au début de la campagne de 1981, répondant à une interview télévisée, il avait joliment dit, à propos de Latche : « Je n'aime pas m'en éloigner trop longtemps. Quand je reviens, après, je m'embrouille dans les odeurs de la forêt... »

Sur scène, j'avais rétorqué : « Dommage que les arbres n'aient pas le droit de vote, au moins, là, il serait sûr d'être élu ! »

Et me voilà avec lui, douze ans plus tard, cheminant dans ses Landes, en ami de la famille. Et ma mère qui n'est pas là !

À un moment, il tombe en arrêt devant un énorme pin et entame à mon intention un cours de rattrapage : « Vous voyez cet arbre ? Il est superbe mais il va falloir trouver une solution pour que les arbustes que vous voyez autour puissent aussi s'épanouir. » Moi, à la volée : « Extraordinaire ce que vous dites, monsieur le Président !... C'est une magnifique métaphore de vous-même avec vos principaux lieutenants : Fabius que vous étouffez sous vos embrassades, Rocard que vous laminez de votre dédain !

– Vous y allez fort, quand même ! »

C'était sa phrase, ça : « Vous y allez fort, quand même ! »

Lorsque, après mes spectacles, aux saluts, il s'éclipsait dans le noir pour aller m'attendre dans ma loge : « Vous y allez fort, quand même ! » Et il choisissait de ne commenter que ce qui lui avait plu.

Cet homme-là savait me prendre.

Été 1994. Noir, l'été. Et blafard, le visage du narrateur, quand, le 14 juillet, il apprend par la radio puis par un coup de fil de contrôle au secrétariat de l'Élysée que Mitterrand lui refile la Légion d'honneur. Sur sa réserve personnelle de croix.

Allons bon !

Qu'est-ce que j'ai fait, moi ?

Il va mourir. Nous n'avions pas eu la même approche de la première guerre d'Irak, de la Bosnie, de l'amnistie des officiers putschistes de l'Algérie française, etc., mais je me rappelais aussi la rose qu'il avait jetée dans la Seine, à l'endroit même où des apparentés lepénistes avaient noyé un jeune Algérien...

Il est mourant, abandonné par certains de ceux qui lui doivent tout et ne sont là que parce qu'il l'a bien voulu. Dans l'un de mes spectacles de cette période-là, j'avais déclaré, goguenard : « Je n'ai jamais rien demandé aux socialistes. Et il faut leur rendre cette justice, je n'ai rien obtenu ! »

Tous ceux-là, qui crachent vraiment dans la soupe dont ils se sont empiffrés, ne peuvent pas en dire autant.

La Légion d'honneur ! Qu'est-ce qui lui a pris ? J'avais pourtant prévenu, *urbi et orbi* : « La Légion d'honneur, pour un humoriste, c'est une faute professionnelle ! Je suis de ces clowns qui préfèrent le rouge qu'on met sur son nez à celui qu'on accroche à sa boutonnière. »

C'était aussi notre façon de nous parler, à lui et à moi, de la scène à la salle, de l'écran de télé au canapé du salon. Il avait sans doute cru me faire plaisir, avant de partir, pour m'avoir aperçu deux fois à l'Élysée, lors de remises de médailles à des amis qui les avaient sollicitées – je suis plus tolérant qu'on ne croit – mais auxquelles je m'étais surtout rendu dans l'idée d'assister à son époustouflant numéro d'éloquence et de mémoire. Il pouvait, sans la moindre note écrite, faire des gammes sur la carrière de chacun des récipiendaires.

Du talent, oui. Il avait du talent. Et c'est surtout cela, plus que d'incertaines convictions idéologiques, qui m'avait fasciné, depuis si longtemps. Et là, cet été-là, je sais qu'il va mourir. J'ai de la peine et je ne veux pas, dans l'état où il est, lui en faire à mon tour. J'ai fini par lui envoyer un petit mot d'acceptation à faire suivre dans son étrange mouroir du septième arrondissement. Je ne me souviens pas de tout le texte sauf du début de ce que je lui écrivais : « Vous alors, vous m'aurez tout fait ! »

Il m'aura tout fait.

Quelques jours plus tard sortait le livre de Pierre Péan. Une bombe. Qui m'a explosé dans la gueule. Il y a eu d'autres victimes, je sais – et d'innombrables dégâts collatéraux –, mais ici, c'est de moi que je veux continuer à parler... Depuis l'été 2003, je noircis du papier dans l'idée d'en faire un livre et c'est MON histoire que je raconte. Il en est de Mitterrand comme de ma mère, de mon chien Bonhomme, de ma sœur Sylvie, de mon ex-femme Sophie, j'ai ri avec eux, j'ai pleuré à cause d'eux. Ils m'appartiennent. Mais, comme on peut le voir et le lire, je suis assez partageur.

Avant de me risquer à quelque exégèse que ce soit du terrifiant bouquin de Péan, il me faut d'abord aborder un épisode précédent de ma relation à Mitterrand, peu connu du public mais d'une grande importance pour moi – c'est peu dire – et pour l'histoire – j'ose le dire –, et qui n'est pas anecdotique au regard de ce qui va suivre.

(Au fait, la Légion d'honneur, je l'ai finalement refusée. Henri Jeanson avait, il y a longtemps, ricané : « Ce n'est pas tout de la refuser. Encore faut-il ne pas l'avoir méritée. » Je ne l'avais pas méritée.)

Flash-back. En 1987, c'est le procès Klaus Barbie, le bourreau de Lyon, l'assassin de Jean Moulin, entre autres ignominies. Chaque soir, à l'heure du repas, dans la grande cuisine de la maison de Vaucresson que nous habitons à l'époque, nous suivons comme un feuilleton, hypnotisés par notre téléviseur, les séquences du film d'horreur – ce Vergès, quel acteur ! – projeté depuis le palais de justice de Lyon. Joë, fille de résistants – elle n'a pas connu l'Occupation mais connaît parfaitement le dossier –, n'est pas la moins passionnée. Même nos deux loupiots, Nicolas, huit ans, Victoria, quatre ans, ont, par contagion, les yeux et les oreilles collés à l'écran.

Arrive la soirée où l'on évoque l'enlèvement des quarante-quatre enfants juifs réfugiés à Izieu, dans une petite maison de la région de l'Ain, que Klaus Barbie, à la tête d'un détachement nazi, est venu – vraisemblablement sur dénonciation – cueillir lui-même pour les expédier vers les chambres à gaz. Bouleversante déposition de Sabine Zlatin, la marraine de ces gosses, la « bonne dame d'Izieu » – elle y a aussi perdu son mari –, avec en surimpression le visage impassible du monstre vieillissant. Insoutenable. Nicolas, l'enfant goy aux yeux bleus, sanglote au bout de la table. Quelque temps après, on me sollicite pour une interview au *Monde* et, au détour des questions-réponses sur l'affaire Barbie, j'évoque les larmes de mon petit garçon. Quelque temps après, nous recevons un livre de Mme Zlatin, consacré à Izieu, avec une gentille dédicace adressée à mon fils. Je lui téléphone pour la remercier, lui dire ma profonde sympathie, et, comme de toute évidence elle désire me parler, l'invite à la première de mon spectacle du Zénith. La semaine suivante, nous nous retrouvons dans ma loge d'after-show. Elle m'apprend que la maison d'Izieu, passée aux mains de particuliers, est à vendre, qu'il serait légitime de la racheter pour en faire un lieu de mémoire, qu'elle est très fière d'avoir reçu la Légion d'honneur – elle l'avait bien méritée, elle ! – mais que, malgré ses demandes réitérées auprès de l'appareil d'État, personne n'a manifesté un réel enthousiasme pour cette opération immobilière. En femme loyale, franche et directe, elle ne tarde pas à me dire que, sachant mes relations privilégiées avec certains de ceux qui, provisoirement, nous gouvernent, une intervention de ma part serait bienvenue. Message reçu. Mission acceptée.

Dès le lendemain, je téléphone à l'épouse d'un ministre important – dont, par charité chrétienne, je tairai le nom – et lui propose le marché. Détail non négligeable : ils sont juifs tous les deux. Elle arguë immédiatement que, justement, cette affaire a déjà été évoquée en petit comité et qu'ils sont plusieurs à penser que les propriétaires ont des exigences financières inacceptables – la maison est mise à prix à quatre millions de francs ! – et que, je cite : « Ce n'est pas parce que plusieurs ministres influents sont juifs qu'il faut faire monter les enchères ! » Pour parler à l'ancienne, je me dis qu'il vaut mieux entendre ça que d'être sourd ! Vaguement informé de l'usage que l'on fait des fonds secrets, les valises de billets plus ou moins odorants – nous n'en sommes pas encore aux prouesses du charmant couple Dumas-Deviers-Joncour –, les avions du Glam qui s'envolent pour des riens, la colère monte et je réponds sèchement : « Écoute, je ne suis pas en train de te vendre une résidence secondaire dans le Luberon ! Il s'agit de quarante-quatre petites Anne Frank qui n'ont pas eu le temps d'écrire leur journal ! Ce serait l'honneur de la France de ne pas laisser passer ce train-là. » Je raccroche et dans le mouvement, j'appelle mon ami Jérôme Garcin, dont je connais l'attention qu'il porte, bien que non juif, aux années brunes de l'occupation allemande, à l'Holocauste, à la collaboration, à la Résistance, bref, c'est l'homme auquel il me faut parler de toute urgence pour faire redescendre le sang qui est monté dans ma gorge. N'étant pas un ravi de la crèche, je n'oublie pas non plus que Jérôme est à l'époque le « patron » – je le retrouverai plus tard à *L'Express* et au *Nouvel Observateur* – des pages culturelles de *L'Événement du jeudi*. La vieille Zlatin m'a dit, l'autre soir, qu'elle aimerait bien, avant de mourir, voir flotter les drapeaux français et européen sur le toit de la maison d'Izieu, je lui ai promis de l'aider, je l'aide. Bien au-delà du temps de parole que je m'étais accordé, Jérôme, au bout du fil, m'écoute longuement, il sent bien, me connaissant, que je suis à la limite de l'implosion et me donne rendez-vous pour déjeuner le lendemain.

Là, ça va très vite. Dans ce restaurant de la rue Balzac où nous nous retrouvons, j'apprends, ravi, que, depuis la veille, mon copain n'est pas resté inactif, qu'il a parlé à son rédacteur en chef Jean-François Kahn – qui, lui, ne trouve pas le prix de la maison prohibitif – et ne propose rien de moins qu'une longue interview dans *L'Événement* en faveur d'un mémorial d'Izieu, accompagné – là, je manque de tomber de ma chaise – d'un appel à souscription populaire lancé par l'hebdomadaire pour réunir les fonds nécessaires. Quelle gifle ! Ça va pâlir dans les palais nationaux !

Huit jours plus tard, l'article et la souscription sont bien en place dans le journal, ça ne passe pas inaperçu et, dans la foulée, je reçois par fax – la gestion de l'intendance a été confiée à l'insoupçonnable Fondation de France – des rouleaux de papier portant les noms des donateurs et le montant des sommes expédiées. Innombrables. Grosses sommes, petites sommes, venues de tous les étages de la société, ça marche, ça « prend ». Je jubile. Laure Adler, qui dirige le service de communication de l'Élysée, m'appelle un matin pour me dire qu'elle a montré l'article à François Mitterrand et qu'il désire me voir. Nous convenons d'une date et je me retrouve dans la petite salle à manger de l'Élysée que Joë et moi connaissons bien. Autour de Mitterrand, quatre personnes : Joë, toujours à la droite du Président, « sa » place, Laure Adler, Élisabeth Badinter et moi. Élisabeth, pour gâter son ami-président, pose sur la table, en guise d'entrée, une énorme bourriche d'huîtres charentaises. Tête de Joë ! Si on continue à me la martyriser, ma femme, elle va finir par adhérer au Front national !

Mitterrand, vers moi :

« Alors, ça vous intéresse, cette histoire d'Izieu ?

– Oui, monsieur le Président... Le massacre d'enfants de ma génération, qui, comme l'a écrit André Frossart, n'ont commis d'autre crime que d'être nés, ça fait plus que m'intéresser, ça me ravage, oui.

– Qu'est-ce que vous attendez de moi ?

– Tout, monsieur le Président, tout. »

Laure Adler, que je sens très favorable au projet de mémorial – plus qu'Élisabeth qui, pour des motifs qui m'échappent encore aujourd'hui, s'en tient à un silence réservé –, vient en renfort : « La maison n'est pas si chère, un appel à dons en direction du public est en train de porter ses fruits, ça pourrait ne coûter que très peu à l'État, si ce n'est d'organiser la structure de l'association. »

Mitterrand :

« Sous quelle forme ? »

Laure :

« Par exemple en inscrivant l'édification du mémorial aux Grands Travaux du Président. »

Mitterrand (à Élisabeth Badinter) :

« C'est votre avis, Élisabeth ? »

Élisabeth (*mezza voce*) :

« Oui, pourquoi pas ? Ce serait bien. »

(Il n'a pas interrogé Joë. Dommage. Elle est pour à fond, mais avec ces satanés fruits de mer qu'elle a du mal à ingurgiter... Dans sa famille de résistants, on lui a appris à ne pas parler la bouche pleine !)

Mitterrand :

« Eh bien, puisque vous êtes tous d'accord, nous allons en parler à Biasini. »

(Biasini – je l'apprends ce jour-là –, c'est le délégué aux Grands Travaux du Président.)

Bingo ! Je serais bien incapable de donner le menu détaillé des plats qui ont suivi mais je me revois sprinter dans la cour de l'Élysée, main dans la main avec ma femme, pour me précipiter vers le bistrot d'en face – le portable n'existait pas encore – afin d'annoncer notre victoire à Sabine Zlatin.

Il est né, ce mémorial. Mitterrand en a été naturellement nommé président d'honneur. Mme Zlatin s'est envolée au paradis avant d'avoir vu danser les drapeaux qu'elle souhaitait sur le toit de sa maison et ses commis ont « oublié » (Mitterrand n'y est pour rien) de m'inviter à l'inauguration – trop goy, trop show-biz – de ce qui restera, pour l'éternité, la maison d'Izieu.

Qu'importe. Dans le tréfonds de ma conscience, je sais qui je suis et ce que j'ai fait pour perpétuer le souvenir de cette quarantaine d'enfants martyrs de la Shoah. Et je méprise pyramidalement ceux qui, pour de misérables raisons, ont décidé, ajoutant la grossièreté à l'ingratitude, de me priver du plaisir de voir ce que je considère un peu comme mon œuvre enfin réalisée. Honte à eux ! Là où elle est, je peux regarder la bonne dame droit dans les yeux, droit dans l'Izieu.

(Humour approximatif typiquement juif séfarade. Comme quoi ! On peut encore rire, non ?)

C'est à tout cela que je pensais en cet été 1994, absorbant, au bord du vomissement, l'épais breuvage de Pierre Péan. Pas sa faute à lui, avec qui j'ai parlé deux heures en tête à tête, au moment de la sortie du livre. Il ne voulait aucun mal à Mitterrand. Pas sa faute si, dans cette enquête méticuleusement illustrée sur la collaboration vichyste, dans le bac du labo photo, la silhouette du futur maire de Château-Chinon s'est mise à flotter sous tous les angles. Mitterrand et les cagoulards, Mitterrand et les miliciens, Mitterrand et Pétain, Mitterrand et Bousquet. Bousquet, le grand ordonnateur de la rafle mortifère du Vélodrome d'hiver ! Bousquet, fréquenté jusqu'en 1986, l'année de la première cohabitation avec la droite, où Mitterrand, dans ma loge du Cirque d'hiver, était venu me dire qu'il s'était retenu de rire de mes lazzis sur Chirac, Pasqua, Chalandon, Léotard et les autres – « C'est mon gouvernement, après tout » –, Bousquet à Latche, assis sur MA chaise, à la table du déjeuner campagnard...

Tous les présidents de la Ve République ont eu leur bon collabo. De Gaulle avait fait de Papon son ministre de l'Intérieur – Papon ! En 1962, ce ne sont pas les Juifs mais les Arabes qu'il avait fait tuer –, Pompidou trouvait beaucoup de charme à Touvier et Giscard a repris Papon comme préfet de police. (Mais lui, Giscard, c'était dans sa culture familiale, on ne l'a pas nommé président d'honneur du mémorial d'Izieu et personne n'a jamais dansé à la Bastille pour fêter sa victoire.)

Ces jours-ci, en dernière page de *Libération*, dans la série d'été évoquant ceux qui ont marqué l'Histoire, un portrait de François Mitterrand intitulé « Le désillusionniste ». Bon titre.

Lumio, 20 août 2004. Quelques lignes sur Rocard, pour me rafraîchir. Même lorsque mon hors-bord croisait dans les eaux mitterrandiennes, je n'ai jamais participé aux tirs de barrage inlassablement lancés contre lui par les flibustiers de l'armada présidentielle. Estime et respect pour cet homme-là. Et de l'admiration pour sa tenace intégrité dans ce qu'il a fait ou refusé de faire. Sur la forme et sur le fond, l'anti-Mitterrand. À l'heure où j'écris, ce n'est pas une injure. Dans les archives de ma carrière de haut-parleur politico-satirique patenté, je ne trouve sur lui qu'une seule phrase légèrement poivrée : « Rocard est à Mendès France ce que Francis Huster est à Gérard Philipe ! » J'ai fait pire. (Pour Huster, rien à ajouter ou à retirer, mais pour Rocard, c'était pour rire, seulement pour rire.)

Nous nous connaissons depuis plus de trente ans, Michel et moi. D'abord au bon temps des spectacles en plein air aux fêtes du PSU, puis à Conflans-Sainte-Honorine quand il en était le maire... Ce n'est que récemment, pour des raisons bien éloignées de la tambouille politicarde, que la sympathie s'est muée en amitié. Une lettre inattendue, extrêmement touchante, qu'il m'a envoyée au moment de la mort de Sophie. Il peut arriver que les politiciens professionnels soient aussi des êtres humains. Fin juillet, il était chez nous, ici, à Lumio, avec Sylvie, sa femme actuelle, qui semble, par sa spontanéité et la vraie tendresse attentive qu'elle lui porte, le réconforter de ses deux précédentes vies conjugales. Voyage imprévu mais c'était un plaisir constant de les avoir à la maison pendant trois jours.

Rocard, la générosité même, a dû supporter, du petit-déjeuner à la fin du dîner, parfois tard dans la nuit méditerranéenne, le feu roulant de questions que nous lui posions les uns et les autres. Je regardais Nicolas et les quelques jeunes gens, filles et garçons, qui étaient là, médusés par l'énergie bienveillante de cet homme de soixante-treize ans. La gauche, la droite, l'économie, le libéralisme, l'Europe d'aujourd'hui et de demain, l'Occident, l'Orient, pendant trois jours, tout y est passé. Lui qui parle bien mais ne s'écoute pas parler – ça nous change de certains – répondait longuement à chacun, avec cette passion pédagogique qui ne souhaite que partager son savoir. S'il était acteur, on dirait qu'il joue sincère. Pas à l'effet. Ici, en Corse, les gens l'aiment bien et le considèrent comme un homme à part. Aux dernières élections européennes, dans des villes et des villages habituellement portés à droite, il a obtenu des scores de soixante à soixante-dix pour cent des voix ! Beaucoup se souviennent d'une tribune étincelante qu'il avait publiée dans *Le Monde*, « Corse : Jacobins, ne tuez pas la paix ! », où il pointait avec équité les torts, les brutalités et les multiples erreurs d'analyse et de comportement des gouvernements continentaux – de droite comme de gauche – tout autant que l'autisme et la violence inutile des extrémistes insulaires. De l'*Apocalypse Now* lancé par Poniatowski sur Aléria à l'incendie chevènementiste allumé par le calamiteux préfet Bonnet en passant par l'absurde exécution du préfet Érignac, tout y est. (En privé il m'arrive de dire – pas de quoi s'en vanter – que les tueurs se sont trompés de préfet !)

L'homme qui a pacifié la Nouvelle-Calédonie pourrait encore, si on le lui permettait, réussir en Corse là ou tant d'autres, de Jospin à Sarkozy, ont échoué. Politique-fiction. On ne lui donnera rien et il ne veut plus rien. Toutes les conditions étaient réunies pour qu'il soit élu président du Parlement européen mais ce sont ses petits camarades du Parti socialiste français qui ont fait capoter l'affaire. Dommage pour eux. Dommage pour nous.

Un soir que nous dînions très agréablement, les pieds dans le sable, au restaurant Mata-Hari, une « paillote » amie proche de la maison – Paillote ! Est-ce qu'on dit paillote à Cannes, à Saint-Tropez ou à La Baule ? –, je le taquinais sur l'obstiné refus de se projeter dans l'élection présidentielle de 2007. Son âge, dit-il. Et si c'est Chirac ? Nous verrons bien. La vérité est qu'il s'est laissé artificiellement marginaliser par ses amis – drôles d'amis – de la rue de Solférino et qu'à part le public, il n'y a plus grand monde dans le milieu politico-médiatique pour se réclamer de lui. La conversation tournait autour de la nécessité – qu'il conteste – d'être un « tueur » en politique et de sa parenté avec les grandes figures de la gauche estimable, à commencer par Mendès France.

Rocard – ce n'est pas une surprise – pencherait plus vers Mendès que vers Mitterrand, son ennemi intime. Je m'entends lui dire, à bout d'arguments : « Si vous préférez faire une carrière posthume, c'est votre choix. » Il éclate de rire – en voilà un qui n'a pas assassiné l'enfant qu'il était ! – et me traite de galopin. Galopin ! Tout Rocard, ça !

Tout Rocard aussi, conscient de l'intérêt chagrin que je porte à l'histoire de l'Algérie, quand, au mois de juin, après un « déjeuner de garçons » chez Le Divellec, le restaurant favori de Mitterrand – « Allô, docteur Freud ? » –, sachant ce que j'écris depuis un an à partir de mon pays d'origine, il m'envoie un livre-document signé de lui, construit autour d'une note interne concernant la réalité de la situation des populations algériennes pendant la guerre. Note secrète commandée en 1959 par Paul Delouvrier, délégué du gouvernement français, à un tout neuf inspecteur des Finances de vingt-huit ans nommé Michel Rocard.

Moi qui croyais être surinformé des mauvais traitements infligés au peuple algérien par les pouvoirs civil et militaire cramponnés à l'Algérie française, je sors abasourdi de cette lecture. En 1959, de Gaulle au pouvoir, Michel Debré, Premier ministre – mais ce n'était pas tellement plus doux sous Guy Mollet et Mitterrand, son ministre de l'Intérieur –, je découvre qu'on avait parqué un million de villageois – dont plus de la moitié d'enfants – dans des camps de regroupement qui feraient passer Guantanamo et Abou Ghraib pour une déclinaison un peu « cuir » du Club Méditerranée ! Faute de nourriture et de soins – ça nous ramène, en bien pire, à Camus vingt ans plus tôt –, la mortalité enfantine aurait été de cinq cents enfants par jour. Tout cela dans l'ignorance de l'opinion – la censure de la presse écrite et parlée n'a pas été inventée par les Américains – et l'apathie des autorités. *France-Observateur* (l'ancêtre du *Nouvel Obs*) et *Le Monde* en publieront, à leurs risques et périls, et sans l'accord de Rocard, forcé au devoir de réserve en tant que fonctionnaire, de larges extraits.

La révélation de cette infamie remontera jusqu'au sommet du pouvoir, on l'évoquera à l'Assemblée nationale et Michel Debré, jamais décevant, y verra la main des communistes. Seuls Delouvrier, en Algérie, et le garde des Sceaux Edmond Michelet, en France, sauveront l'honneur en validant ce document. Je suis très fier d'avoir Michel Rocard pour ami.

Paris, 14 septembre 2004. C'est le temps des otages. C'est le temps des carnages. Trois ans après que Ben Laden a jeté ses fous d'Allah sur les tours de Manhattan, où en sommes-nous ? Aussi bien du côté de Bush que de son nouvel ami Poutine et de leurs auxiliaires Blair, Sharon et Berlusconi – le camp du Bien ! –, on tire dans le tas, on sacrifie les siens, on répond à la mort par la mort, les femmes et les enfants d'abord. Au nom d'un Dieu qui pue le fric et le pétrole. Drôle de guerre sainte ! Arrivé au terme de ce livre, écrit tête baissée depuis un an, dans une affolante navette entre hier et aujourd'hui, l'enfant passant la plume à l'adulte et la lui reprenant quand ça lui chante, je pense à toi, Finouche, ma belle fermière-institutrice algéroise, qui pour toujours a fait de moi un citoyen du monde. C'est malin ! Depuis je ne cesse de saouler la terre entière de mes imprécations ! Fatigant. Même pour moi. Où es-tu, Finouche ? Je ne sais même pas si tu es vivante ou morte. Quand j'avais sept ans, tu ne devais pas en avoir tellement plus de vingt. Et ma mère est toujours là. Si je calcule bien, elle est plus âgée que toi de quelques années. Ce ne serait pas juste de t'être tirée la première. Mais, depuis que je suis plus grand – tu ne m'avais pas prévenu –, j'ai appris que la vie n'est pas juste. Pas juste du tout. À se demander pourquoi ils se font la guerre, tous. Inutile d'accélérer le processus, le Dieu dont ils se réclament se charge, avec un manque de discernement auquel je ne m'habituerai jamais, de rappeler à lui ses créatures biologiques. On crève de chagrin d'être privé d'un être cher et le curé, pour peu qu'il récite bêtement son bréviaire : « Réjouissez-vous mes frères, il a – elle a – enfin rejoint le royaume des cieux. » Il avait – elle avait – vingt ans, trente ans, cinquante ans au plus – il n'y a pas de bon âge pour mourir quand on est une bonne personne – et ils voudraient qu'on applaudisse ! Connards !

Tu ne m'as jamais parlé de Dieu, Finouche. C'est après, d'abord un peu forcé – et puis le curé de Souk-Ahras était sympathique –, que je me suis laissé pousser du côté de l'église et du presbytère.

Pendant le tournage de mon retour en Algérie, en 1988 – peut-être en as-tu eu vent –, j'avais voulu m'approcher de l'église de mon enfance et des barbus intégristes musulmans avaient prétendu m'en empêcher.

Dialogue :

« Partez de là ! C'est plus une église, c'est une mosquée.

– Je comprends bien. De toute façon, vous n'avez plus la clientèle ! »

Connards !

Mes amis démocrates algériens étaient navrés.

Sur la brûlante question des religions, je n'ai pas d'histoire juive à te raconter, Finouchérie, mais pour avoir, au hasard de mes pérégrinations, rencontré des Loubavitch à papillotes, dévisageant méchamment les dames, juives ou non juives, qui leur passaient sous les yeux sans répondre à leurs critères de convenance vestimentaire, je sais qu'il y en a de gratinés.

Connards !

Peut-être me trouves-tu exagérément grossier, ma Finouche, mais je suis vraiment très en colère contre les dieux, en ce moment. (Les chrétiens évangélistes américains associés à l'extrême droite israélienne !) En revanche, pour avoir eu la chance de parler avec des dignitaires religieux de toutes confessions, juifs, musulmans ou chrétiens (j'aurais aimé te faire connaître mon ami le père Buannic, curé atypique, ancien marin venu très tard à la prêtrise, créateur d'« Enfants du monde », bourlinguant dans tous les coins chauds de l'univers pour adoucir par ses actions concrètes le sort d'enfants irakiens, palestiniens, israéliens, africains ou nord-africains, le seul cureton – il jure comme un charretier – que je reçois le plus souvent possible à ma table), tous ces hommes de paix que nous avons vus récemment à l'œuvre – pour ceux-là, Dieu est Amour, pour de vrai –, je rengaine mes blasphèmes et je m'incline devant eux, respectueusement.

Finouche, ma Finouche, tu m'as manqué, pourquoi n'as-tu jamais cherché à me retrouver, à présent que je suis célèbre ? Moi – tu sais comme sont les gamins –, je ne connais même pas ton nom. Ni même ton vrai prénom. Finouche, ça sonne bien, ça sent l'amour et pour moi tu seras toujours Finouche.

Au fait, je ne t'ai pas dit, sais-tu que le président de la Ligue des droits de l'homme m'a coopté comme délégué ? Délégué de la Ligue des droits de l'homme, tu te rends compte ? Et, en plus de faire le rigolo sur scène, on me sollicite de plus en plus pour ce que j'appelle mes « heures supplémentaires », à la ville. Parrain de ceci, parrain de cela. Je fais de mon mieux. Mais trop de parrainages tue le parrainage. Et parfois, je te l'avoue, ça me gonfle !

Si je les écoutais, tous, je finirais par mendier des pièces jaunes avec Bernadette Chirac !

Lorsque j'ai commencé ce livre, je ne savais

pas où j'allais, pas de plan, rien, et je doutais de sa nécessité. À qui était-il destiné ? Au public, bien sûr, à tous ces gens que je rencontre et qui me disent leur affection. À celles et ceux, parmi mes proches, qui sont mes indispensables et qui se reconnaîtront. Ça fait du monde.

Ce soir, ma chère Finouche, je sais aussi que c'est à toi, qui es ma vraie Maman, même si la garde alternée fut assez brève, que je voulais donner de mes nouvelles. Il faut que je te l'avoue, maintenant qu'il y a prescription : du haut de mes sept ans, j'étais amoureux de toi. Tu étais très belle, Finouche. Très belle. En ces temps incertains, seuls l'Art et l'Amour (et la Nature quand on lui fout la paix) nous offrent cette lumineuse pérennité qui nous aide à vivre et à mourir.

Où que tu sois, vivante ou morte, à bientôt, ma petite mère.

Je t'aime.

Ce volume a été composé
par IGS-CP à L'Isle-d'Espagnac (Charente)
et achevé d'imprimer en février 2005
par ***Bussière***
à Saint-Amand-Montrond (Cher)
pour le compte des Éditions Stock
31, rue de Fleurus, 75006 Paris

Imprimé en France

Dépôt légal : mars 2005
N° d'édition : 54526. — N° d'impression : 050757/4
54-51-5765/0
ISBN : 2-234-05765-5